LES SPECTACLES NOCTURNES.

OUVRAGE ÉPISODIQUE.

Erit quod tollere velles. Hor.

SECONDE PARTIE.

A LONDRES;

Et se trouvent

A PARIS,

Chez DUCHESNE, ruë Saint Jacques, au-dessous de la Fontaine Saint Benoît, au Temple du Goût.

M. DCC. LVI.

LES SPECTACLES NOCTURNES.

CHAPITRE PREMIER.

Qui en ſuppoſe un ſecond.

'ETOIT l'heure où le bel eſprit aſſiége la table du ſot qu'il amuſe, & dont il ſe moque, où la petite Ducheſſe remplace une magnifique parure par un déshabillé plus propre mille fois à exciter les desirs d'un Amant avec qui elle a un rendez-vous pour la nuit même ; où l'homme de Robe transformé en Cavalier, va dans d'obscurs réduits parler galanterie à une Grisette ; où les Bourgeois enfin commencent à se délasser des fatigues du jour dans les bras de leurs femmes. Nous rentrâmes dans le centre de la Ville.

Un homme dont la taille étoit haute, noble & aisée tout ensemble, venoit d'entrer dans une maison à quelques pas de-là. Nous le suivîmes présumant que c'étoit quelque bonne fortune qui l'y amenoit, & nous parvinmes ainsi au fonds de l'appartement dont il ouvrit lui-même les portes. A tout cela il étoit bien permis de penser que s'il n'étoit pas le Maître de cette maison, il la tenoit du moins toute entiere sous sa protection. Arrivé à un petit alcove qui étoit éclairé par la foible lueur d'une bougie de nuit, il entr'ouvrit doucement les rideaux, & l'on pouvoit facilement remarquer sur son front & dans ses yeux, qu'il étoit par avance satisfait de la surprise agréable qu'il alloit causer à celle qui y reposoit ; car je me persuadai que c'étoit quelque Maîtresse chérie. Il alloit s'en approcher de plus près, quand tout à coup il fit un cri, qui pour m'avoir beaucoup effrayé, n'en paroîtra pas moins naturel à tous ceux qui apprendront de l'aventure ce que j'en appris moi-même dans le moment.

Zulmis (c'est le nom de l'homme dont je parle) eut été un Petit-Maître accompli, s'il avoit pû se déterminer à penser mal des femmes ; mais son penchant excessif pour elles lui tenoit lieu d'une bonne opinion qu'elles doivent rarement à une pareille cause. A peine ſortie de l'enfance, ſon goût l'avoit entraîné vers les couliſſes. Bienfait, riche & généreux, c'étoit plus qu'il n'en falloit pour s'y ouvrir tous les chemins. Auſſi pouvoit-il y compter mille ſuccès éclatans. Dans le nombre de ſes conquêtes, celle qui le flatta le plus, fut celle d'une jeune Actrice qui avoit déjà paſſé l'extrême jeuneſſe, mais qui ſur les derniers jours de ſon Primtems, conſervoit encore aſſez de charmes pour fixer le plus volage. Il ſemble que cet avantage ſoit reſervé aux femmes de ce genre qui le méritent le moins. Juſques-là Zulmis n'avoit fait que voltiger ; les attraits de Zélime joints à tout ce que la Coquetterie peut développer de plus ſéduiſant, ſçurent l'enchaîner tellement, que dans peu il ſe détermina non-seulement à partager avec elle sa fortune, ce qui n'eut pas été extraordinaire, mais à lui donner son nom & sa main, ce que les plus insensés ne pûrent s'empêcher de trouver extravagant, quoiqu'il y en eut déja plusieurs exemples.

La famille de Zulmis étant établie dans une Province éloignée, n'eut d'abord aucune connoissance de ce projet; mais quoique par conséquent il n'eut point à combattre de ce côté des obstacles qui, comme il arrive toujours, n'auroient pas laissé de contribuer à l'affermir dans cette folle résolution, on ne tarda pas à apprendre son mariage.

Comme il étoit facile de compter tous ceux qui l'avoient précédé dans les bonnes graces de Zélime, la honte dont il venoit de se couvrir, fut le premier objet ſur lequel il arrêta les yeux ; mais cela ne dura pas long-tems. Il avoit trop de paſſion pour être ſenſible à un Préjugé auſſi frivole. On ſçait de quelle reſſource eſt dans le monde l'eſpece de philoſophie qui nous met au-deſſus de ce qu'on appelle du nom de Préjugé. De ſon côté Zélime dont tout l'art conſiſtoit à ſe maſquer à propos, devenue l'épouſe d'un homme tel que Zulmis, affecta tant d'amour pour lui, tant de décence, que celui-ci crut de bonne foi que l'Hymen en avoit fait une Veſtale. Sa confiance augmenta à meſure qu'elle ſçavoit mieux le tromper. Zulmis s'en applaudiſſoit en attribuant à ſon mérite perſonnel la ſageſſe de ſa femme ; & en effet il pouvoit bien s'abuſer ſur la cauſe d'un effet auſſi ſurprenant. Vrai-ſemblablement Zélime ne manqua pas de profiter de la haute idée qu'il avoit de ſa vertu. S'il eſt aiſé de rendre inutiles les ſoins d'un jaloux, combien y-a-il de momens pour celles qui n'ont point à craindre les ſoupçons. Malheureuſement pour elle le hazard qui nous nuit auſſi ſouvent qu'il nous ſert, en montrant Zélime (telle qu'elle étoit, découvrit à Zulmis une vérité que l'on trouvera à la fin de ce Chapitre.

Zulmis étoit parti le matin même pour un petit voyage de quelques jours, inſtans précieux conſacrés aux Amans. Celui de Zélime avoit été introduit chez elle preſqu'auſſitôt ſous le nom d'ami. Quoiqu'un ami ne ſoit pas toujours ſans conſéquence, cependant les Domeſtiques qui avoient vû Zélime fondre en larmes au départ de Zulmis, étoient bien éloignés de croire qu'elle fût femme à célébrer l'abſence de ſon mari. Ce n'étoit pas cependant qu'ils n'eussent une connoissance exacte de l'état dont elle avoit été tirée. Ignorent-ils jamais d'aussi curieuses circonstances ? Plusieurs d'entr'eux les avoient même publiées quand ils avoient eu à se plaindre de Zélime. Ils en jugerent différemment dans cette rencontre.

Zélime n'auroit jamais craint qu'aucun importun fût venu troubler leurs plaisirs. Sans soins, sans inquiétudes, elle ne songeoit qu'à jouir tranquillement des charmes de l'occasion. Ils étoient couchés depuis une heure ; depuis ce tems ils avoient continué à se donner mille preuves de tendresse ; & ces transports bien capables de rendre deux Amans sourds à la voix du Tonnerre même, ne leur avoient pas permis d'entendre le bruit que Zulmis avoit fait en entrant. Pour lui, son retour avoit été pressé par quelques affaires, & comme les portes n'étoient qu'à demi fermées (Zélime n'avoit mis aucun de ses Domestiques dans ses intérêts) il ne lui avoit pas été difficile de les ouvrir. Qu'on juge quel fut son étonnement lorsqu'il vit qu'un autre l'avoit remplacé dans les bras de Zélime. Son premier mouvement avoit été de percer à tous deux le sein ; mais il sçut se contraindre. Il semble que l'instant qui nous ouvre les yeux, soit pour nous un coup de lumiere qui se répand également sur tous nos sens. Il resta immobile pendant quelque tems, & il ne fut pas peu surpris, lorsqu'en reportant les yeux sur cet humiliant spectacle, il se trouva tranquille & de sang froid. Il n'en étoit pas de même de Zélime ; elle crut que cet instant alloit être le dernier de sa vie. Trop foible pour fuir, elle étoit demeurée sans voix & sans sentiment. Son Amant qui ressembloit à tous les Galans du monde, & qui aimoit mieux avoir une affaire sérieuse avec la femme que le moindre petit démêlé avec le mari, crut qu'il s'agissoit de déployer sa valeur. Il s'habilla en tremblant, parce qu'il n'étoit pas accoutumé à de semblables impromptus ; & pour éviter les discussions il choisit un moment où Zulmis paroissoit occupé d'autres soins pour se précipiter hors de la chambre. Zulmis l'arrêta en l'assurant qu'il n'avoit rien à craindre pour lui, & il le supplia d'accepter quelques rafraîchissemens dont il avoit sans doute besoin pour réparer son désordre. Celui-ci extasié de tout ce qu'il voyoit, fut obligé de se mettre à table. Après ce court repas ils se levèrent. Le galant s'en retourna chez lui à toutes brides. Pour Zulmis il jetta ſur Zélime un regard mépriſant qu'il n'accompagna pas même d'une ſeule parole, & il courut auſſitôt chez une fille charmante de laquelle il étoit tendrement aimé, qu'il avoit ſacrifiée à ſon infidelle, & dont il redevint l'Amant. Il ne put s'empêcher de faire en ſortant quelques réflexions ſur ce qui venoit de ſe paſſer. Il en conclut ſans peine qu'il avoit été bien fou de croire qu'il pourroit rendre ſage & fidelle une femme telle que Zélime, que c'étoit chez lui un trait de vanité dont un homme raiſonnable gagne toujours beaucoup à ſe voir puni, & qu'il ſeroit auſſi difficile d'opérer un tel changement, que d'empêcher une Prude de cenſurer les vices d'autrui.

CHAPITRE II.

Les quatre Ordres. Raisonnemens à perte de vûe. Tout ce qui reluit n'est pas or.

ALMANZINE vint me prendre le lendemain à la même heure que le jour précédent. Nous recommençâmes nos courses avec la même ardeur, & si nous ne prîmes l'un & l'autre que des soins inutiles, du moins eûmes-nous la satisfaction de retrouver par-tout les mêmes plaisirs. Nous remarquâmes chez les femmes Galantes beaucoup de douceur pour leurs maris ; en revanche beaucoup d'aigreur & de duretés chez celles qui se piquoient d'être vertueuses ; & chez toutes en général, même chez les moins belles, un fonds inépuiſable de fierté & de dédains qu'elles oſoient conſerver encore avec ceux à qui elles s'étoient mille fois rendues. Eſt-il poſſible, s'écrioit Almanzine, que les hommes qui ne regardent les femmes que comme un objet fait pour amuſer leur loiſir, s'occupent continuellement du ſoin d'entretenir leurs caprices, & tous ces défauts, devenus aimables, qu'ils ne ceſſent pourtant de condamner. Quelle contradiction! N'eſt-ce pas leur reprocher les fautes dont ils ſont eux mêmes coupables. Sans affecter pour elles ces airs fauſſement avantageux, ces procédés, qui tout indécens qu'ils ſont, ne laiſſent pas d'en ſéduire un grand nombre, & qui n'indiquent cependant qu'un mépris qui devroit les faire rougir, n'y a-t-il pas un milieu facile de les rendre ce qu'elles devroient être, en cessant d'un côté d'apeller tout chez elles du nom de vertus ou d'agrémens, & en écartant de l'autre ce que les reproches qu'elles méritent, ont de rebutant. Il faut en convenir ; le caractere des femmes a été dans tous les tems l'ouvrage des hommes. Elles ne sont vaines que par la bonne opinion qu'on cherche à leur donner d'elles mêmes, en applaudissant à toutes leurs erreurs, fausses avec les hommes, que pour cacher leur penchant, parce qu'elles ont toujours remarqué qu'on leur faisoit un crime de l'avoir une fois avoué. Les femmes Galantes sont celles qui sçavent qu'on ne voit pas seulement du même œil les femmes vertueuses & les femmes méprisables, mais que le plus souvent ces dernieres sont préférées ; & comme leur unique objet est de plaire, la fierté que vous leur voyez n'est ordinairement causée que par l'envie d'exciter plus sûrement la passion des hommes, en affectant des rigueurs que ceux-ci mettent leur gloire à vaincre. Il ne tiendroit donc qu'aux hommes de les changer. Rendre à la modestie les hommages qu'elle mérite, ne louer dans une femme que ce qui peut véritablement être applaudi, ne point encenser ses erreurs, lui faire appercevoir que le caprice, loin de mettre un nouveau prix à la beauté, en est au contraire le poison ; voilà ce qui pourroit les guérir de tous les maux que la fantaisie des hommes même leur a rendus nécessaires.

Pendant qu'Almanzine s'occupoit ainsi à excuser les foiblesses & les défauts de son sexe, nous ne laissions pas de jetter les yeux sur mille tableaux qui prouvoient assez que les hommes n'ont pas toujours à se reprocher les fautes dont on accuse les femmes. Combien en vîmes-nous qui nous démentoient cette idée.

Nous étions entrés chez une femme dont l'air & le maintien auroient imposé aux plus connoisseurs. Nous y fûmes d'abord trompés Almanzine & moi ; mais cela ne dura pas long tems. Elle étoit alors dans un petit Cabinet extrêmement orné, plongée dans une lecture qu'il étoit aisé de supposer intéressante. Je m'approchai d'elle de plus près, & je ne fus point surpris en voyant que le Livre qu'elle paroissoit dévorer, avoit pour titre : *Les Bijoux indiscrets*. Jamais personne ne se représenta peut-être plus vivement une situation décrite. Je la voyois tantôt sourire, s'attendrir, rougir. Tantôt son air devenant peu à peu plus refléchi, je croyois l'entendre dire que son embarras seroit extrême, si elle avoit à craindre que quelque nouveau Génie n'apportât un jour dans Cythéropolis l'indiscrétion qui avoit autrefois causé tant de ravages dans le Congo. Quoiqu'il en soit, je me demandai si Zénéide jeune & vive, s'en tenoit ainsi aux seuls plaisirs de la spéculation, lorsque je la vis quitter promptement son Livre & s'occuper à faire des Nœuds. Elle avoit entendu un petit bruit dans l'anti-chambre. Quelqu'un entra presqu'aussitôt sans se faire annoncer. C'étoit un homme gros, court, presque vieux. A son air lourd, brusque, massif, doré, il n'étoit pas difficile de reconnoître un Financier. En effet c'en étoit un. Par conséquent il entra hardiment, & débura par des propos, que, tout impertinens qu'ils étoient, il prenoit pour de l'enjouement & & de la galanterie. Eh bien ! Reine, s'écria-t-il du plus loin qu'il l'aperçut. Vous voyez assez que les obstacles & les refus ne peuvent rien sur moi. Le lendemain me ramene aussi ardent que la veille. Est-ce aujourd'hui que j'aurai le le bonheur de voir couronner.... car pour des rigueurs, je n'en attends plus, sans doute elles sont épuisées. En disant cela, il s'étoit déja approché & avoit pris avec elle bien des libertés. Pour Zénéide elle le regardoit avec des yeux qui sembloient lui dire qu'avec un Amant tel que lui, une femme avoit toujours des rigueurs de reste. Elle le pria très-sérieusement d'être persuadé qu'elle n'étoit pas plus sensible ce jour-là que le précédent ; mais le Financier n'en voulut rien croire, & continua ses galanteries, c'est-à-dire, ſes ſottiſes. Sa Dame qui étoit bien forte contre lui, parce qu'il n'étoit rien moins que ſéduiſant, le repouſſa ſi vivement dans un inſtant où il embraſſoit ſes genoux, qu'il en fut renverſé & ſe ſeroit ſans doute briſé la tête ſur le Parquet, ſi un Fauteuil n'eut arrêté une partie de la chûte. Zénéide ſe mit à rire de tout ſon cœur; lui qui m'avoit d'abord paru fort courroucé, ſe remit enfin ſur ſa chaiſe, & pour ſe tirer de ce mauvais pas, il eſſaya lui-même de ſourire; mais comme ce n'étoit que du bout des dents, il reprit bien-tôt ſon ſérieux, & ne dit plus mot. Zénéide jouiſſoit malignement de ſon embarras, & lui laiſſoit entamer à la fois vingt phraſes qu'il ſe gardoit de bien finir. Il avoit eu le tems de refléchir ſur ſon aventure. Un homme comme lui à qui rien ne réſiſtoit;

cela étoit capable de le déshonorer. Il eſt vrai que Zénéide étoit la premiere Conquête diſtinguée qu'il avoit entrepris, & qu'il n'avoit jamais eu affaire qu'à des femmes, qui n'ayant beſoin pour ſe rendre que de ſçavoir qu'elles ſe rendroient à un Financier, ne cherchoient jamais qu'à hâter une défaite qui devoit leur être précieuſe. Pour Zénéide, qui ſçavoit pourtant à quoi ſert l'amour d'un Financier, elle vouloit un peu plus de décence. Elle aimoit le jeu, il pouvoit réparer ſes pertes, cela eſt vrai ; des préſens, on ſçait qu'un mari n'en eſt guères prodigue, le Financier étoit encore bon pour cela. Mais toutes les femmes d'une certaine façon tiennent toujours à un certain Préjugé. Au fonds, il eſt vrai que cela revient preſqu'au même, cependant cette certaine maniere de penſer y fait trouver une différence ſenſible. On regarde trois ou quatre jours de réſiſtance comme quelque choſe qui doit faire excuſer la défaite, & enfin quand on a fait toutes les petites façons, il ſemble qu'on n'ait plus rien à ſe reprocher. On ne s'eſt rendu qu'au Sentiment ; c'eſt là le terme. Ce n'eſt plus qu'une femme Tendre, & non une femme Galante.

On penſe bien que Zénéide connoiſſoit aſſez les uſages pour avoir fait toutes ces réflexions. Je crois même qu'elle n'avoit pas encore réſolu de ſe rendre ce jour-là. D'ailleurs, l'éloignement qu'elle avoit pour le Financier la mettoit en état de réſiſter plus long-tems, car cela épargne toujours l'amour propre, qui étant très-violent chez nous, eſt ſupoſé l'être encore davantage chez les femmes. Le Financier qui n'avoit pas dirigé ſon plan là deſſus, après avoir tenté par ſes airs indifférens de rendre Zénéide ſenſible à la petite mortification qu'elle venoit de lui donner, reprit ſa vivacité, tira de ſes poches preſqu'en même tems vingt boëtes d'or dont il lui fit admirer la beauté, parla Terres, Châteaux ſuperbes, Millions. Quelles armes contre une femme qui a un mari peu généreux, & qui aimant le jeu avec paſſion, eſt expoſée à y faire des pertes conſidérables, Plus éblouie que ſéduite, elle commença par avouer au Financier qu'elle ſe reprochoit cruellement la chûte involontaire qu'elle venoit de lui faire faire. Celui-ci jura que ce n'étoit qu'une bagatelle, & ſes yeux commençant à s'enflammer, il permit à ſes mains quelques eſpiégleries que Zénéide leur permit auſſi. Enſuite elle fit adroitement tomber la converſa-

tion

ction ſur le jeu & ſur les petits dérangemens qu'il entraîne. Elle ajouta que la veille en le quittant elle avoit perdu dix mille écus ſur ſa parole, & qu'elle étoit réſolue à vendre tous ſes diamans. Comment lorſqu'on vient de dire que l'on aime & qu'on eſt Financier ſur tout, paroître inſenſible à un tel revers ? Il repeta encore que ce n'étoit qu'une bagatelle & qu'on pouvoit facilement remédier à cette vetille. Il remercia mille fois le ciel de lui avoir procuré cette occaſion d'obliger Zénéide, promit de lui envoyer l'argent dès le jour même, fit ſemblant de badiner avec ſon panier à ouvrage, y gliſſa adroitement, quoique de façon qu'elle s'en apperçut, une boëte d'or émaillée d'un travail précieux, devint plus ardent, la preſſa de répondre à ſes déſirs, obtint d'elle tout ce qu'il voulut, en agit pourtant avec modeſtie, & s'en retourna auſſi fat qu'un Dervis qui vient de ſéduire une femme vertueuſe.

Avec quelque bonté que Zénéide ſe fût pretée à ſes tranſports, il m'avoit été facile de juger combien les complaiſances de l'amour ſont différentes de celles que l'intérêt arrache. Zénéide elle même m'avoit paru confuſe & en avoit rougi plus d'une fois. Après le départ du Financier elle étoit tombée dans une profonde rêverie. Je plaignis Zénéide à cauſe de cette eſpèce de retour ſur elle même. Eſt-il en effet de remords plus cuiſans que ceux-là ? Il me parut qu'elle continua à s'entretenir pendant quelque tems des mêmes idées ; mais elle en vint bientôt à de nouvelles réflexions. Elle prit la boëte que le Financier lui avoit laiſſée. Sa beauté ſembloit l'attacher & lui donner de la joie. Elle l'a laiſſa ſur une table, ſe leva, fit pluſieurs tours dans le cabinet, montra de l'inquiétude, vint ſe raſſeoir ſur ſon ſopha, reprit la boëte, & l'examina avec autant d'attention que la premiere fois. J'étudiois chacun de ces mouvemens, & je cherchois à les interprêter. Sans doute, me diſois-je, cette femme qui tout à l'heure marquoit de la confuſion ſur le trafic qu'elle vient de faire de ſes charmes, n'eſt devenue inquiete que parce qu'elle craint à préſent de voir échapper le prix qu'elle s'eſt promis de ſes faveurs. Comment accorder de telles craintes avec ſes remords ? Mes ſoupçons étoient vrais ; Zénéide prit elle-même le ſoin de les juſtifier. Après avoir encore un peu rêvé : paſſe qu'il manque de parole, dit-elle, mais pour la boëte ne me reſtera. Ce monologue n'étoit pas encore fini, qu'on vint annoncer un domestique du Financier. Il apportoit à Zénéide les trente mille livres en or. Il se retira en laissant une lettre qu'elle ne se donna pas la peine de lire. Il fut à peine parti, qu'elle se mit en devoir d'examiner s'il avoit été exact dans le calcul. Elle le trouva charmant, & se mit à fredonner quelques Vaudevilles nouveaux.

Elle étoit encore dans cette délicieuse occupation lorsqu'un jeune Officier, attiré sans doute par le son du précieux métal, entra en chantant la Parodie des mêmes couplets. Il avoit l'uniforme du Régiment, & l'on sçait dans le monde l'idée attachée à celui qui se trouve obligé de le porter. Quoique jeune & charmant, je ne le jugeai donc pas assez fortuné pour croire qu'il trouveroit Zenéide disposée à le traiter favorablement,

La conduite qu'elle avoit tenue avec le Financier m'avoit donné ce ſoupçon. Je ne ſongeois pas que ce prix des faveurs eſt un tribut que l'on n'exige pas de tous les Amans. D'ailleurs la Fée m'apprit à l'inſtant même à connoître mieux le caractere de Zénéide. Le Financier étoit le premier dont elle eut reçu des préſens, & malgré ſes galanteries, elle n'avoit juſques-là rien accordé qu'à la vivacité de ſes deſirs. Ce qu'elle venoit de faire étoit un petit extraordinaire qu'elle avoit cru pouvoir ſe permettre ſans tirer à conſéquence. Zénéide ne manquoit pas même de générosité. C'étoit-là le nom que l'on donnoit aux folles dépenſes que lui occaſionnoit ſon goût pour le plaiſir.

Quoiqu'il en ſoit Zamore, c'eſt le nom de l'Officier, débuta comme avoit fait le Financier par des galanteries qui, quoiqu'elles fussent les mêmes, avoient pourtant cette différence & ce ton insinuant qu'un homme fait pour être galant sçait leur donner, & qui sont insupportables chez celui qui ne sçauroit en avoir que le nom. Zénéide, qui le connoissoit apparemment, sans paroître surprise de ce qu'elle lui voyoit faire, feignit de s'en offenser ; mais elle le faisoit de maniere à persuader, qu'elle n'attendoit pour se rendre que l'occasion où elle pourroit avec décence, lorsqu'elle auroit combattu encore quelque instans. Personne n'étoit plus exact qu'elle sur le chapitre des bienséances. Zamore dans mille circonstances avoit eu le tems de se convaincre, que deux Amans perdent toujours à retarder le moment de leur bonheur. Craignant de voir son ardeur se ralentir, il lui demanda si elle avoit envie de faire l'enfant, la badina ſur l'inutile réſiſtance qu'elle oppoſoit, & continua ſes entrepriſes. Zénéide étoit déja toute en feu. Tout cela ſe faiſoit de ſi bonne grace, qu'elle ne pouvoit s'en fâcher. Elle ne s'en fâcha donc point, & il arriva que Zamore, après avoir couru le riſque de lui déplaire, lui plût infiniment. Elle lui ſçut bon gré d'avoir ainſi bruſqué toutes ces façons qui coûtent toujours beaucoup, & qui dans le fonds, n'étant imaginés que par les reſtes d'une fauſſe pudeur, fatiguent également celles qui ſe croyent obligées de les faire & ceux qui ſont obligés de les ſouffrir. Zénéide qui appréhendoit, diſoit-elle, qu'on la trouvât ſeule avec Zamore, le congédia en lui indiquant une heure pour le lendemain, l'aſſura qu'elle ſe chargeoit à l'avenir du ſoin de ſa fortune, après lui avoir donné ſur ſes nouvelles eſpérances un petit à compte qu'elle tira de la bourſe du Financier.

A celui-ci ſuccéda un Dervis qui, moins indiſcret que les deux autres, ſe fit annoncer dans l'appartement de Zénéide. Il entra bientôt après avoir regardé les ſoubrettes qui étoient dans l'antichambre avec ces yeux perçans, avec leſquels les gens de ſa robe ont coutume de voir tout ce qui eſt femme.

Phéléas (c'eſt ainſi qu'il ſe nommoit) étoit un grand drôle brun, bienfait, ſouple & inſinuant. Sa bouche diſtilloit autant de jolis propos que l'Abbé le plus à la mode, mais c'étoit d'un air ſi mâle, ſi dévôt & ſi doux tout enſemble, que ſon premier coup d'œil ſéduiſoit tout. Je lui trouvai autant d'enjouement & bien plus de mémoire qu'à tous les Petits-Maîtres de ma connoiſſance. Il n'étoit pas de contes plaiſans qu'il ne ſçût rendre plus plaiſans encore. Il s'exprimoit ſur tout avec la grace que la médiſance voudroit toujours avoir lorſqu'elle raconte les hiſtoires ſcandaleuſes du prochain. Ce que je trouvai d'étonnant, c'eſt qu'outre qu'il n'affectoit rien, il prodiguoit ſouvent les ſaillies les plus vives, & croyoit n'avoir rien dit que d'ordinaire. Cela me fit juger qu'il avoit de l'eſprit, & l'on ſçait qu'il en faut à un Dervis pour faire ſon chemin dans le monde & auprès des femmes. Celui-ci en auroit eu aſſez pour s'introduire à la Cour & s'y maintenir, mais il n'avoit pas l'ambition qui y conduit. Ami des Grands, il ne les voyoit point & en étoit eſtimé, & comme il couroit après les plaiſirs, il ſe les procuroit le plus ſouvent dans de petits cercles Bourgeois où ils ſont ordinairement plus ignorés. Quoiqu'il fut déja dans un âge un peu avancé, on ne voyoit point sur son front ces rides qu'un jeune Courtisan a déjà au sortir de l'enfance. Il aborda Zénéide avec une politesse grave, & je crus que la scène, que nous avions vû jusques-là occupée d'une façon assez singuliere, alloit enfin l'être plus sérieusement. Pour Zénéide, dès qu'on lui avoit annoncé le Dervis, elle avoit racommodé à la hâte le dérangement dans lequel l'amour des deux premiers l'avoit jettée, & l'avoit reçu avec mille marques de considération.

Après les premiers complimens, on parla des hommes qui affichent l'indiscrétion, des femmes qui ne connoissant ni devoirs, ni décence, se rendent publiquement. On alla même jusqu'à insinuer que tout le mal d'une action regardée comme mauvaise, n'existoit que dans la connoissance qu'on en donnoit au reste du monde. Ce n'étoit cependant pas que l'un & l'autre pensassent de cette façon, mais ils avoient besoin de le paroître à cause de la manière dont ils avoient coutume de se conduire. Nos discours sont plus souvent la peinture des désirs ou des besoins, que celle du cœur. Je ne rapporterai pas la suite de cette intéressante conversation, parce que je ne me pique pas d'avoir l'heureux talent de ceux qui racontent mot à mot tous les propos qu'ils ont entendu dans le tems qu'ils étoient Sophas. Je laisse à juger si elle dût se soutenir entre un Dervis & Zénéide. J'ajouterai seulement, qu'une femme seroit heureuse & s'épargneroit bien des reproches, si elle ne se rendoit jamais qu'à de pareils Amans. Que de complaisances! Que de petits soins! Celui-ci, qui sans doute n'aimoit pas à brusquer les choses, suivoit pas à pas Zénéide jusques dans ses moindres caprices. S'il ne se fût pas tout de suite satisfait, du moins parvint-il à l'être par degrès, & cette gradation charmante, en rendant plus précieuses les faveurs, double par conséquent les plaisirs. Phéléas en homme reconnoissant les lui rendit exactement, se retira enyvré d'amour, chargé de bonbons, & parut trois jours après avec un habit d'une étoffe si fine, qu'il lui attira l'envie de tous les Dervis.

Zénéide étant restée seule pendant quelques instans reprit la brochure qu'elle avoit quittée, s'ennuya de la lecture, appella ses femmes & ordonna qu'on mît les chevaux. Pendant qu'on s'occupoit à son ajustement, on vint lui annoncer le Marquis de . . . . . C'étoit un homme qui, avec dix-huit ans, avoit la plus jolie figure du monde. Il tenoit à la main la liste de toutes les femmes qu'il avoit subjuguées. Zénéide ne l'eut pas plutôt entendu (& il se fit entendre de fort loin) qu'en s'arrachant des bras de ses femmes elle courut au-devant de lui. Oh ! pour cela, dit-elle, voilà qui est perfide. Je vous ai attendu tout le jour avec la plus grande impatience. J'ai refusé de recevoir compagnie, & j'avois ordonné que ma porte ne fût ouverte qu'à vous seul. Fatiguée d'attendre inutilement, j'en suis devenue si mauvaise, que mon parti étoit pris d'aller chez la Comtesse. Il faut avouer, Marquis, que votre conduite avec moi est bien peu raisonnable. Franchement je croyois mériter de vous plus de ménagemens. . . .

Quoique tout cela fut dit avec la derniere vîtesse, je m'apperçus qu'à chaque mot Zénéide s'attendrissoit. Rien n'est plus touchant que les reproches qu'on fait à ce qui est cher. Le Marquis ne répondit d'abord que par un grand éclat de rire ; ensuite, feignant de vouloir s'excuser, il baissa les yeux, regarda Zénéide en dessous, & lui dit à voix basse & d'un air à demi fâché, qu'on étoit bien malheureux quand on se trouvoit entraîné malgré soi par des affaires importantes, qui en vous arrachant tous vos momens, vous exposoient surtout à être pris pour un homme qui manque aux procédés. Ah des affaires ! interrompit vivement Zénéide ; je connois trop l'espece de celles dont vous parlés. Je vous rends justice, Monsieur, je n'ignore que fait comme vous l'êtes, il est rare qu'on puisse vous trouver libre. A cet éloge le Marquis sourit, & quoiqu'il affecta de tout nier, en convint très-positivement.

Zénéide se croyoit aimée, mais elle n'étoit pas assez folle pour se persuader qu'elle étoit sans rivales. Elle se flâtoit seulement sinon de pouvoir fixer la légereté du Marquis, du moins d'obtenir de lui un regne plus long que celui de toutes les femmes qu'on lui avoit données, distinction qu'il est bon de faire, parce qu'effectivement il ne les avoit pas eu toutes. Je ne tardai point à voir qu'elle avoit beaucoup de goût pour le Marquis. Pour lui, qui n'étoit ordinairement occupé qu'à examiner les progrès qu'il faisoit, il vit combien il prenoit auprès de Zénéide. Son air en devint plus triomphant, & il ne s'entretint plus que de ses bonnes fortunes.

Tous ces récits, qui n'auroient pas manqué de réfroidir, je ne dis pas une femme un peu raisonnable, mais la femme la plus passionnée, produisirent sur Zénéide un effet bien différent, parce qu'elle n'étoit conduite ni par Délicatesse, ni même par Volupté. Qui croiroit qu'une femme fût capable de ne se rendre que par vanité? C'étoit pourtant à ce seul sentiment que le Marquis devoit les bonnes-graces de Zénéide ; comme si elle eût eu à rougir de ne pas devenir la conquête d'un homme qui avoit la réputation de tout soumettre, ou qu'il eût été ridicule de rendre inutiles les efforts de celui à qui rien ne résistoit. J'étois surpris de voir le Marquis la combattre avec de pareilles armes. Quoi qu'il en soit, il continua ses agaceries, profita de tout, & l'amena au point que Zénéide troublée, hors d'elle-même, montra les plus violens transports. Sans doute elle attendoit l'effet des siens, & je la voyois le presser ardemment dans ses bras, quand tout à coup le Marquis se trouva dans le cas où il n'y a qu'un excès d'amour qui puisse servir d'excuse. Malheureusement cette ressource est si usée de nos jours, que le Marquis lui même, l'homme du monde qui saisissoit le plus avidement les moindres secours, n'osa pas l'employer. Il essaya de se sauver à travers l'enjouement & les bagatelles, rappella à Zénéide la visite qu'elle avoit destinée à la Comtesse, & prétexta un rendez-vous, qu'il ne termina peut-être pas mieux, dira quelqu'un.

Je ne peindrai point la situation de Zénéide. Il est plus aisé de se la représenter que de la décrire. J'ai dit qu'elle avoit de la vanité. Elle se trouva donc blessée par l'endroit le plus sensible, & je la vis beaucoup plus embarrassée que le Marquis, à qui vraisemblablement tout cela n'étoit pas nouveau.

Après quelques politesses, où le Marquis jetta de la vivacité & Zénéide de l'aigreur, ils se quitterent, persuadés tous deux qu'ils ne se reverroient pas de sitôt. Zénéide pleura de rage, songea à Phéléas, & s'emporta bien fort contre un certain préjugé qui défend aux femmes de se plaindre de certains affronts, au fonds trop vaine pour avoir osé jamais publier son aventure, mais convaincue qu'un petit maître n'est qu'un être superficiel, qui ne connoissant que les menus détails de l'amour, brille tant que dure l'intrigue, & vient toujours échouer au dénouement. Le Marquis s'en retourna en chantant, inscrivit Zénéide sur ses tablettes, & courut toute la nuit confier à trente amis le secret de sa bonne fortune. Pour Zénéide elle continua de se faire habiller, & alla dans plusieurs maisons porter sa mauvaise humeur que l'on prit pour ce caractère dur & austère que donne la Vertu; mais le lendemain le bruit de son aventure se répandit dans Cythéropolis. La réputation du Marquis en devint plus brillante, & Zénéide perdit la sienne.

CHAPITRE II.

Argent bien gagné.

NOUS nous transportâmes ensuite dans un cercle qui n'étoit composé que des plus vieilles têtes de la Ville. Je n'ai jamais rien vû de plus sombre & de plus bizarre, que l'espèce de joye qui se répandoit sur tous les visages à chaque trait plaisant qu'on y rappelloit de l'ancienne Cour. Quoique la médisance ou la calomnie ne me paruſſent point être l'ame de la ſocié-té, je remarquai cependant qu'on ne laiſſoit pas de s'y amuſer. Il eſt vrai qu'on y parloit ſouvent du ridicule des Modes, de ces nouveautés ſéduiſantes qui ſeules ont aujourd'hui le droit de plaire, & qui autrefois auroient été regardées de l'œil dont elles méritent d'être vûes. On y faiſoit auſſi des peintures du Siècle, exagérées comme c'eſt l'uſage partout, & cela conduiſoit néceſſairement à exagérer auſſi la bonne opinion qu'on croit devoir au ſien; je n'ai pas beſoin de dire qu'ils n'étoient pas de celui-ci.

Tous ces propos, que la vanité dictoit plutôt que la ſageſſe, étoient l'unique ſource de leurs entretiens. Le vieux Militaire, en parlant des Batailles qu'il avoit vû remporter, des Villes qu'il avoit vû prendre d'aſſaut, vantoit l'habilité des Capitaines de ſon tems, ne parloit des nôtres qu'avec une eſpèce de mépris, parce qu'il ne s'étoit jamais mis en peine d'examiner, qu'actuellement on ne manque ni de courage, ni d'adreſſe, & que ſi l'habilité des Guerriers n'eſt plus la même, c'eſt qu'elle a depuis acquis quelques degrés qui doivent la faire diſtinguer de celle de leurs prédéceſſeurs. On penſe bien auſſi que les femmes ne manquoient pas d'y ſoutenir, qu'autrefois leur Sexe étoit plus vertueux, qu'on ne voyoit pas comme aujourd'hui une femme ſe décider à la première entrevue, héſiter ſi elle céderoit à la ſeconde ; & enfin ſe rendre à la troiſiéme ; & ce diſcours n'étoit pas plus ſenſé que celui des premiers, parce qu'au fonds les femmes ſe ſont toujours repétées dans tous les tems, que la Galanterie n'étoit pas plus inconnuë alors qu'à préſent, que la coquetterie y étoit un art, peut-être moins perfectionné qu'il l'est de nos jours, & que si les femmes du siècle passé attendoient le mois entier pour se rendre, ce qui pourtant n'est pas tout à fait sans exemple dans le nôtre, cela étoit peu capable de donner bonne opinion d'une vertu dont elles ne conservoient que les apparences. Combien d'ailleurs devoit-il leur en coûter pour résister si longtems ? & la dissimulation, qui n'est souvent que de la coquetterie, a-t'elle jamais mérité des éloges ? Les Dervis venoient ensuite, & je pense que ceux-là seuls avoient raison, car ils se plaignoient du réfroidissement de la Dévotion des Peuples, dont la dépravation avoit arrêté le cours de ces largesses religieuses qui enrichissoient autrefois leurs Maisons.

A cette assemblée présidoit une vieille Dame, maîtresse du logis, qui jouoit par habitude un rôle qu'elle avoit été obligé de prendre dans l'extrême jeuneſſe. Elle étoit de cette laideur à laquelle on défend toujours d'avoir des déſirs, quoiqu'on devroit lui en permettre davantage. Née avec de grands biens elle avoit épouſé par convenance un homme qui s'étoit marié de même, & qui mourut bientôt de l'excès de ſes débauches. Elle trouva ſa fortune un peu plus reſſerrée; mais trop heureuſe d'être débarraſſée, à ce prix, d'un mari qui pourtant ne l'avoit guère importunée. Dès-lors elle établit l'ordre que nous vîmes encore regner dans cette maiſon. On ne la rencontroit point aux Spectacles, parce qu'elle n'avoit point la folie de croire, qu'avec de l'ajuſtement on répare aux bougies les défauts de la figure. Elle ne paroiſſoit point non plus aux promenades, mais en revanche elle avoit des équipages commodes, des Terres ſuperbes, des appartemens ornés avec goût, & par-deſſus cela une table bien ſervie, & par conſéquent des amis & une cour nombreuſe.

Je ne ſçais ſi ce jour-là elle appréhendoit qu'on ne reſtât chez elle à ſouper. Elle feignit une migraine & diſperſa tout ſon monde, qui connoiſſoit ſans doute les uſages & qui reſpectoit ſes fantaiſies.

Dès qu'elle ſe vit ſeule elle appella ſes gens, leur donna vingt ordres à la fois, parcourut tous ſes cabinets, revint dans la ſalle & ſe mit à rêver quelques inſtans. Dans ſes regards qu'elle portoit ſans ceſſe vers la porte de la chambre, je démêlai une partie de l'impatience dont elle étoit dévorée. Eſt ce un rendez vous, me demandai-je, ſi on lui manque, a-t'elle des raiſons pour trouver cela extraordinaire? Un petit bruit qu'elle entendit dans l'antichambre l'antichambre la rendit plus attentive. Erafte (c'étoit un jeune homme d'une figure charmante) entra d'un air contraint en lui faifant de profondes révérences. Elle prit un ton dur, lui parla avec aigreur, & ne laiffa pas de l'examiner avec des yeux qui difoient affez combien elle étoit fatisfaite de fa bonne mine. Erafte à moitié déconcerté, répondit fort mal à toutes les queftions qu'elle lui fit. Argante (c'eft ainfi qu'on la nommoit) parut jouir avec plaifir de fon embarras, montra un air plus doux, mais ne ceffa de lui parler avec hauteur. J'étois furpris des façons humbles & modeftes de celui-ci, & j'admirois comment un Cavalier auffi bien fait, qui auroit pû paffer ailleurs beaucoup mieux fon tems, venoit dans cette maifon où l'on ne pouvoit guère refpirer que l'ennui, & où il avoit à effuyer l'humeur d'une femme haute & fière, ce qu'on ne ſupporte qu'impatiemment chez celles qui ont le plus de beauté & d'agrémens.

Cependant on ſe mit à table. Eraſte parla peu & mangea beaucoup. Au deſſert les liqueurs ne furent point épargnées. Argante les lui prodigua avec un empreſſement qui ne me parut point du tout déſintéreſſé. Après le ſouper on paſſa à un cabinet au fonds de l'appartement.

Il étoit déjà éclairé par un nombre infini de bougies, ce qui nous laiſſa appercevoir quantité de peintures laſcives. Il étoit orné avec magnificence, & cependant avec goût. Des glaces placées artiſtement au fonds, au haut & aux deux côtés d'un canapé qui étoit dans un petit enfoncement, repétoient partout les objets.

Quand je n'aurois eu juſques-là

aucuns ſoupçons ſur le compte d'Argante, ce ſeul cabinet m'en auroit donné mille. Je compris qu'effectivement elle avoit beſoin d'employer des reſſources qui ſeroient ſuperflues avec une femme capable d'inſpirer des déſirs. Ce fut dans cet endroit que je vis pour la premiere fois Eraſte prendre avec elle des libertés, qui faiſoient un contraſte ſi ridicule avec ſa timidité & ſon reſpect pour Argante, qu'il n'en falloit pas davantage pour former un ſpectacle tout-à-fait divertiſſant, Sans doute le petit malheureux y continua ſon pénible exercice. Je ne pus m'empêcher de le plaindre. J'ignore ſi les élixirs d'Argante eurent leur effet ; tout ce que je ſçais, c'eſt qu'elle n'avoit point affaire à un Petit-Maître. Il ne nous fut pas difficile de juger qu'il étoit l'Amant gagé de la Dame. Almanzine m'apprit qu'Eraſte étant né dans une extrême misere, Argante l'en avoit tiré pour le faire servir à ses plaisirs. Cela me fit faire des réflexions, & depuis ce tems je ne m'étonne plus lorsque je vois un jeune homme de bonne mine faire du matin au soir une aussi rapide fortune.

CHAPITRE III.

Qui a beaucoup de rapport avec un de ceux de la premiere Partie, & qui contient un petit avis à ceux que en donnent.

COMME rien n'est plus à la mode dans ce siécle que les sociétés, puisqu'on a vû, même de nos jours, des associés Beaux esprits réunir leurs veilles & leurs talens pour varier les amusemens du

Public (chose d'autant plus singuliere que l'union, ame des sociétés, n'habite guère parmi ces Messieurs-là) il n'est pas étonnant que nous ayons trouvé presque tout le monde divisé en sociétés. Ce n'étoit pas cependant que les membres qui les formoient, se convinssent toujours entr'eux ; il semble même qu'elles été imaginées que pour montrer combien regne dans le monde l'esprit de division. Les unes étoient remplies de gens que souvent le besoin, & presque toujours la convenance, rassembloient ; dans les autres, c'étoit quelquefois l'envie de se nuire, & jamais le plaisir de se trouver ensemble. On s'y occupoit aussi du soin de rompre l'intelligence qui paroissoit en lier quelques-uns. Il arrivoit même, sans qu'on se chargeât de ce soin, que plusieurs rompoient d'eux-mêmes, parce qu'ils avoient eu le tems de se connoître.

Nous en vîmes de la ſorte un grand nombre, qu'on pourroit peindre toutes ſous les traits que je viens de dire, & malheureuſement celles-là répandront peut-être ſur le reſte des couleurs peu avantageuſes. Il faut convenir pourtant qu'il en eſt avec qui ce portrait n'auroit rien de reſſemblant, de ces ſociétés formées par le goût & les talens, ou par la conformité des caractères, ſiége du bon eſprit, où l'on trouve toujours une joye d'autant plus pure, que l'envie, la médiſance, la calomnie n'y portent point leurs inquiétudes, leurs ſoucis.

A peine eumes nous quittés Argante, que nous nous trouvâmes encore au milieu d'un cercle, qui n'étoit pas moins nombreux que l'autre. Voyez-vous, me dit la Fée, cet homme au teint ſec & livide, aux yeux enfoncés, qui croit qu'un ton de voix élevé eſt celui de la perſuaſion, avec quel feu il cherche à donner de lui la bonne opinion qu'il en a lui-même. Ne croiroit-on pas aux phraſes ſçavantes qu'il débite, aux bonnes choſes qu'on lui entend dire quelquefois, que c'eſt un homme d'un génie profond. Il eſt pourtant vrai qu'il doit tout à ſa mémoire, & qu'il a à peine le mérite de l'expreſſion. Il a donné comme tout le monde dans le Bel eſprit. Son caractere le porte à parler mal de tout, & cela lui a fait croire qu'il avoit la critique admirable. Il l'a déja exercée ſur pluſieurs ouvrages preſqu'ignorés, que (pour les déchirer plus à ſon aiſe) il a choiſi ſi mauvais, qu'il n'eſt pas néceſſaire d'être auſſi méchant que lui pour en dire du mal. Au reſte, critique ſans art, ſans jugement, ce qu'il a quelquefois dit des ouvrages eſtimés, n'eſt qu'une répétition des propos de ceux qui veulent qu'on prenne, pour du goût & de la délicatesse, le mépris qu'ils affectent pour tout ce que les autres ont applaudi.

Avez-vous apperçu, continua-t-elle, cet autre homme rêveur & mélancolique, qui depuis deux heures n'a pas dit un seul mot, qui fronce continuellement le sourcil, dont personne n'a jusqu'à présent interrompu le silence, & que tout le monde regarde de tems en tems d'un air railleur. C'est un Sçavant déja connu, aux extrêmités de la terre, par deux excellens ouvrages de Morale fort admirés, mais peu lûs, que l'amour de la sagesse va bientôt rendre fou, car il est déja misantrope, qui fronde sans cesse les erreurs de son siécle avec toute la dureté de la Philosophie, & que cette manie a rendu si incommode, que chacun évite son commerce. Cela ne l'empêche pas de se trouver toujours dans les cercles, où il apporte tout l'ennui de sa causticité, espérant d'y remarquer tous les jours de nouveaux traits, pour détester davantage sans doute ses Concitoyens, & par conséquent pour devenir plus insupportable encore. Que cet homme est bien différent de celui que vous voyez un peu plus loin. Celui-ci aussi Philosophe que le premier, mais Philosophe aimable, sçait plier sa sagesse à la folie des hommes, parce qu'il les aime & qu'il ne sçauroit les fuir. Ses critiques sont si délicates & si frappantes à la fois, qu'on l'écoute avec plaisir, & qu'on ne manqueroit pas de se corriger, si le ridicule de la Mode ne l'emportoit sur l'horreur même des portraits qu'on en fait. On s'empresse autour de lui comme vous voyez, & c'est la même chose partout où on le rencontre. Persuadé qu'on ne parvient à se faire écouter des hommes qu'en leur parlant le langage qui leur convient, il a répandu depuis peu dans le Public un Roman, oui un Roman, où sous le voile d'une fiction ingénieuse il couvre ce que la morale a quelquefois de trop dur & de rebutant. Son livre est dans les mains de tout le monde, parce qu'il a sçu rendre l'utile agréable, & que pour y réussir plus sûrement, il n'a pas dédaigné de consulter l'inclination générale.

Nous nous approchâmes ensuite d'une femme, qui depuis longtems parloit bas à une autre. Sçavez-vous bien, lui disoit-elle, pourquoi la Comtesse s'est déterminée à accorder des faveurs à tous ceux qui les lui demandent. En voici la cause. Il y avoit plus de trois semaines que le Chevalier la pressoit de ſe rendre; elle a voulu réſiſter par air, s'eſt enfin déterminée par goût, & le Chevalier a manqué le rendez-vous. Entre nous, quoiqu'elle ne ſoit pas aſſez laide pour déſeſperer de plaire, comme elle n'a que ces agrémens de la jeuneſſe que chaque inſtant détruit, je crois qu'il ne faut pas qu'elle ſe flâte d'entretenir longtems une paſſion..... Un jeune Marquis, ami de la Comteſſe, & qui par hazard l'avoit entendu, paſſa de l'autre côté de la ſalle, fit tomber adroitement la converſation ſur la haine que les femmes ſe portent réciproquement, aſſura qu'une femme, qui dit du mal d'une autre, fait ſans le ſçavoir l'éloge le plus vrai de ſes charmes, & décrédite les ſiens; que ſi elles connoiſſoient toutes le prix qu'on a coutume de mettre dans le monde à de tels diſcours, elles ſe corrigeroient bien de ce défaut-là.

Mais comment feroient-elles pour s'en corriger, reprit-il ; cela est né avec elles. Elles ont une aversion si naturelle pour tout leur Sexe, que si l'on soutenoit à une femme qu'il n'est plus de vierges passé quinze ans, elle en conviendroit volontiers, pourvû seulement qu'elle eût été mariée à quatorze.

Cette idée qui fut débitée assez follement pour ne point fâcher les Dames qui l'écoutoienr, aprêta d'abord à rire à tout le monde. Ensuite chacun raisonna là-dessus diversement. Presque toutes les Dames en soûrirent. Quelques maris, qui avoient épousé des femmes de dix-huit ans, rougirent & parurent mal satisfaits. Le Petit-Maître, dont toute l'occupation étoit de parler mal des femmes & d'affliger les maris, s'en retourna avec la joye secrette d'une fille qui vient de tromper les soins de sa surveillante.

Quand il fut parti, Lucinde (c'est le nom de celle à qui il avoit adressé ce petit discours) feignit de n'être entrée pour rien dans tout cela, & continua ses remarques avec la même fermeté. Elle les fit tomber bientôt sur un homme de mérite qui étoit assez près d'elle, & à qui elle reprochoit d'être un homme ridicule & singulier. On sçait à merveilles à quoi se réduisent d'ordinaire ces sortes de reproches ; il ne faut presque rien pour les déterminer. Le Baron de...... (c'est ainsi qu'il se nommoit) jouissoit d'une fortune considérable, & pour laisser des successeurs de son nom & de ses biens il avoit jetté les yeux sur Mélanide, l'une des plus belles filles de Cithéropolis. Il avoit été introduit chez le pere de Mélanide comme un homme destiné à devenir son Gendre. Suivant l'usage on avoit commencé par où il seroit naturel de finir, je veux dire que le Baron n'avoit pas encore eu une seule conversation avec Mélanide, que les articles de leur mariages étoient déja convenus, dressés, signés. Cette cérémonie achevée, le pere, en homme qui sçavoit son monde, parla de hâter l'instant des nôces ; mais le Baron croyant avec raison n'en avoir déja que trop fait, voulut connoître Mélanide, & obtint non sans peine un délai de quelques jours. Il se fit présenter chez elle dès le lendemain, continua de la sorte ses visites les jours suivans, & quoiqu'il y fut avec aussi peu de liberté que l'homme le plus inconnu, & que Mélanide eut soin d'affecter devant lui toutes les bonnes qualités qu'elle n'avoit point, il ne tarda pas à pénétrer le masque dont elle se couvroit. Il la connut pour ce qu'elle étoit réellement, sotte, pleine d'humeur, déja

Coquette. Il n'en falloit pas d'avantage pour l'engager à retirer sa parole. Il écrivit au pere de Mélanide une lettre polie, par laquelle il le supplioit de la lui rendre, en lui exposant qu'il avoit trouvé tant de différence entre le caractère de sa fille & le sien, que rompre le projet de leur mariage, c'étoit les obliger tous deux essentiellement. Le pere persuadé que cette bagatelle ne pouvoit former un obstacle raisonnable, avoit fait éclater bien du courroux, & avoit même déja pris la voye de la Justice pour tirer de cet affront une vengeance plus éclatante, comme si l'on pouvoit punir dans un homme qui pense le motif d'un tel aveu, & le désir si naturel de ne point devenir de tous les maris le plus malheureux.

C'étoit cette conduite du Baron qui lui avoit attiré la réputation d'homme extraordinaire parcequ'on regardoit comme nouveau que celui qui avoit trouvé dans une épouse l'égalité des fortunes & des conditions, osât y chercher encore quelque chose de plus. Un homme a bientôt gagné dans le monde un ridicule.

Comme cette avanture venoit de se passer tout nouvellement, Lucinde eut soin d'en repandre le bruit dans l'assemblée & le Baron fut montré au doigt. On alloit continuer à s'entretenir de lui, & on n'auroit pas manqué de joindre de nouvelles circonstances au détail de Lucinde, si l'arrivée d'un Septuagenaire marié depuis un an n'avoit interrompu ces propos. Quoiqu'il n'eut qu'un maintien qui n'annoncoit ni une naissance élevée ni un esprit rare, il fut bientôt entouré de tous les plus galans de l'assemblée. Les uns lui vanterent les charmes de sa jeune épouse,

& les autres oſerent même le féliciter ſur l'heureuſe fécondité qui alloit dans peu de jours le rendre pere. Il s'aplaudit de tout. Les femmes ſe mirent à parler bas ; & deux ou trois jeunes Etourdis qui vouloient qu'on leur en attribuât tout l'honneur, commencerent à pirouetter autour de lui en lui lançant quelquefois des regards malins.

Comme je ne voyois rien dans cette maiſon qui dût nous engager à y reſter plus long-tems, je propoſai à Almanzine d'aller ailleurs chercher le Génie, ou de nouveaux amuſemens. Arrêtés, me dit elle encore, & conſidérés cette femme décrépite qui inſpire à la jeune Lucile de l'horreur pour l'amour, qui veut lui perſuader qu'il eſt auſſi difficile de retenir un amant dans ſes liens que d'enchaîner le tems même, parce qu'elle a fait en ce genre des épreuves terribles.

Quelle folie, continua-t-elle de vouloir règler ſur ſa propre expérience les conſeils qu'on donne aux autres. Je n'ignore pas que c'eſt un principe généralement adopté ; & c'eſt entreprendre beaucoup que d'attaquer une opinion reçue ; mais croyés vous au fond que cette opinion ſoit moins ridicule ? Quoi ! parce que Fatime avec un air enjoué, une phiſionomie vive, & des propos légers & vuides de ſens, aura éprouvé l'inconſtance de Clerval, Lucile dont les agrémens ſont vrais, qui plaît d'autant plus ſurement qu'elle cherche moins à plaire, dont le cœur eſt paîtri de ces graces naturelles que le tems ne diminue jamais, Lucile, dis-je, craindra de ſe livrer aux charmes de l'Amour, elle qui pourroit fixer le plus volage des Amans ? Quelle erreur, quelle manie ? c'eſt celle pourtant de tous ceux dont l'imprudence conſeille à tous les hommes la même choſe, comme ſi ce qui a cauſé la ruine de l'un, ne pouvoit point faire le bonheur de l'autre.

CHAPITRE IV.

Contre-tems.

CE ſeroit peu ſans doute qu'avec une chère délicate & des vins exquis, un homme, dont le Cuiſinier fait tout le mérite, n'offrit que l'ennui de ſa perſonne, s'il n'y joignoit encore des moyens pour exciter la gayeté des Convives. L'ingénieuſe Finance, toujours ſûre dans ſes goûts, nous a donné là-deſſus des leçons dont le Monde entier s'aplaudit, & que mille Bourgeois ont déjà réduit en pratique. La Musique & le bel Esprit sont devenus l'assaisonnement des repas; mais comme l'un & l'autre a ses fantaisies on est souvent exposé avec eux à certains inconveniens dont nous vîmes un exemple.

La maison où le hazard nous avoit fait entrer en quittant la précédente, étoit celle d'un demi Financier déjà parvenu à jouer un rôle aussi grand que ses Maîtres. L'envie de se mettre à la Mode lui avoit fait lier connoissance avec quelques Poëtes qui lui demandoient sa protection, & auxquels il avoit accordé sa table. Les Musiciens vinrent ensuite. Les uns lui dédierent quelques mauvais ouvrages, à la tête desquels ils eurent soin de placer un éloge fort ample sur son goût pour les Belles-lettres,

& la protection qu'il leur accordoit. Les autres lui firent faire de grandes dépenſes pour l'ornement d'une ſalle de Muſique, & donnerent chez lui quantité de beaux Concerts.

Dans le nombre des Poëtes qu'il avoit à ſon ſervice, il y en avoit un qui étoit d'une figure bizeare, facétieux, plein d'Epigrammes & de Bons mots. Celui-là le faiſoit plus rire, & c'étoit par conſéquent lui qu'il eſtimoit le plus. Parmi ſes Muſiciens, il y en avoit un qu'il préferoit aux autres. C'étoit un homme qui ſans avoir la voix belle, donnoit un ton admirable à tous les Pont-neufs tant anciens que modernes.

C'étoit eux préciſement qu'il avoit choiſi ce jour là, pour égayer un magnifique repas qu'il donnoit à quelques perſonnes de diſtinction, qui venoient de tems en tems admirer l'élégance avec laquelle sa table étoit ordinairement servie. On y étoit encore lorsque nous arrivâmes. Tous les Convives & les Dames surtout prévenus qu'ils alloient beaucoup rire avoient les yeux fixés sur ceux qui devoient en faire les frais. Chacun avoit observé jusques-là un silence profond. L'homme à Bons mots mangea beaucoup & sans rien dire, ce qui ne laissa pas de surprendre tous le monde ; cependant on attendoit impatiemment le dessert parce qu'on se flattoit qu'alors ces deux Messieurs déployeroient leurs talens. Il arriva enfin, mais ce fut pour tromper tous ceux qui s'étoient reposé sur eux du soin de les divertir. Le premier fut sérieux parce que tous ses momens ne se ressembloient pas ; & l'on prit cela pour de l'humeur ; le second supposa un rhume & ne chanta point. Le Financier ſe voyant pris pour dupe, alloit les faire jetter tous deux par les fenêtres, ſi on ne lui eut repreſenté que cela n'amuſeroit pas beaucoup la compagnie, & qu'il n'étoit pas naturel de faire rire ou chanter les gens malgré eux. On continua pendant quelques inſtans à ſabler le Champagne, & bientôt l'ennui s'empara tellement de tous les eſprits qu'on parla de ſe ſéparer. Chacun ſe retira en ſongeant que celui-là court bien ſouvent le riſque d'ennuyer, qui pour divertir ſon monde, eſt obligé de recourir à des ſecours étrangers.

CHAPITRE V.

Les Epoux déplacés.

Nous parcourûmes encore différentes Maiſons où nous nous arrêtâmes peu, parce qu'elles ne nous offrirent rien que d'ordinaire. Dans l'une par exemple nous trouvâmes une femme charmante, qui, quoiqu'elle eut déja caché entre deux draps une partie de ſes charmes, en laiſſoit voir aſſez pour exciter les déſirs de la plus froide indifférence. Elle n'étoit qu'à demi-couchée, & dans cette heureuſe ſituation le voile qui la couvroit, ne déroboit preſque rien du Buſte le mieux fait, au milieu duquel s'élevoit une gorge d'une blancheur admirable, & que la plus

plus jolie tête du monde couronnoit. Un homme en robe de chambre se deshabilloit lentement auprès du lit sans tourner à peine les yeux sur ce divin spectacle.

A une lenteur aussi déplacée, aux baillemens réitérés qui lui échappoient à chaque instant, il étoit aisé de juger que ce ne pouvoit être qu'un Mari. En effet, c'étoit celui de la jeune Dame. Nous eumes le tems de remarquer combien un mois d'hymen réfroidit l'ardeur d'un Amant, car celui-ci l'avoit été. Cependant elle regardoit son Mari avec des yeux qui brilloient d'une délicate Volupté. Lui sous le prétexte de quelques affaires passa dans un cabinet voisin, où il s'arrêta assez longtems. Elle l'appella avec mille expressions de tendresse en lui tendant ses beaux bras. Il rentra dans la chambre, & sous un nouveau prétexte repassa encore dans le cabinet. J'avouerai que rien n'étoit plus ſingulier que ce petit combat des déſirs de la femme avec la froideur du Mari. Il revint enfin ; mais ce ne fut point pour montrer plus d'empreſſement qu'il n'en avoit d'abord marqué. Eſt-il étonnant, me dit la Fée lorſque nous ſortîmes, qu'une femme jeune & pleine de charmes ne conſerve pas à ſon Mari la foi qu'elle lui a jurée, lorſqu'elle les voit ainſi négligés, & n'exciter que l'indifférence dans un cœur qui devroit brûler pour elle de mille feux ? J'en conviens, lui dis-je, mais ſans vouloir vous ſoutenir ici avec tant de Livres très-ſçavans, que cette indifférence eſt de votre faute, parce que vous ſçavez mal œconomiſer vos faveurs, avouez du moins qu'elle eſt plus le vice de la nature que celui du cœur.

Dans une autre nous trouvâmes

de même une femme qui ne le cédoit en rien à la premiere. Elle étoit dans un deshabillé galant, étendue ſur un Sopha. Preſqu'en même tems que nous, entra un homme jeune & bienfait qui vint s'aſſeoir auprès d'elle. Ses manieres empreſſées, ſon air ſoumis, ſes petits ſoins diſoient aſſez que celui-ci n'étoit pas un Mari, & je ſerois reſté ſans doute dans cette erreur ſi Almanzine ne m'en eût tiré, en m'apprenant qu'il étoit celui de la Dame. Je lui répondis que j'avois peine à me le perſuader. Cela vous ſurprend, & avec raiſon, dit-elle; mais apprenez que Dorimond eſt une eſpece d'animal rare, qui depuis deux ans qu'il a allumé les flambeaux de l'hymen, confeſſe encore publiquement qu'il eſt l'Amant de ſa femme. Elle de ſon côté ne dément point le caractère d'une Amante qu'on n'eſt pas encore parvenu à vaincre, & elle joue son rôle admirablement. Dorimond est doux, délicat & respectueux; elle ne manque pas de s'en prévaloir pour rendre son amour plus ardent. Ce n'est pas cependant qu'elle y soit sensible; elle le fait seulement servir à ses vûes particulieres, car n'allez pas croire qu'elle soit elle-même sans passion. Elle est au contraire voluptueuse. Un petit homme mal fait, sans esprit, sans agrémens, est celui qu'elle préfere à Dorimond, & qui appaise les feux de son tempéramment. C'est un caprice mais vous sçavez que les jolies femmes y sont sujettes. En disant cela elle se retourna du côté des deux Epoux. Dorimond tenoit sa femme à demi-renversée sur le Sopha, & joignoit toujours de nouveaux transports aux premiers. Elle le repoussoit avec fierté; & pour sortir plus promptement de cet embarras, elle se plaignit d'une migraine. Dorimond eut beau la conjurer de lui permettre de passer avec elle la nuit, elle ne voulut rien entendre & lui ordonna de se retirer. Comme il la connoissoit sans doute pour inflexible lorsqu'elle avoit résolu d'être sévere, il fut obligé de quitter la partie; il s'en retourna donc peu satisfait, mais toujours plus ardent, & persuadé que Fémire étoit d'un tempéramment bien froid, puisqu'elle avoit si longtems résisté à des transports tels que les siens. A peine fut-il sorti que sa femme, prenant un air riant, courut au fonds de l'appartement ouvrir une porte basse & étroite, par laquelle une de ses femmes introduisit le Galant dont Almanzine m'avoit parlé. La froide Fémire parut alors tout en fe[illegible] Elle se précipita dans ses bras avec une eſpece de fureur. Sans dire un ſeul mot notre Galant parcourut mille fois en un inſtant les charmes de ſa Laïs. Cette ridicule paſſion m'inſpira pour elle tant de mépris, que je conjurai Almanzine de nous arracher de ce lieu. Voyez, lui dis-je, avec quelle tranquillité on s'endort quelquefois ſur la vertu des femmes les plus mépriſables. Fémire n'eſt-elle pas un vrai monſtre ? Ne vous aviſez donc plus après cela de trouver mauvais que les hommes, qui ſont prévenus de tels déréglemens, marquent pour de telles femmes les ſentimens qui leur conviennent, & ne blâmez plus l'indifférence de certains Maris. La réflexion n'eſt pas juſte, dit la Fée, & cette froideur qu'on leur reproche n'eſt pas pour cela juſtifiée. Je blâme l'indifférence du premier autant que la tromperie que Fémire fait au ſecond. Celui-là eût mérité une femme telle que Fémire, & Lucile les empreſſemens de celui-ci. Concluons ſeulement, que rarement dans le monde chacun eſt à ſa véritable place. L'homme de Robe qui s'occupe de chevaux & de chiens, ſeroit ſouvent mieux ſous les drapeaux de Bellone, tandis que ce Guerrier, moins intrépide que judicieux, tiendroit plus ſagement la balance de Thémis. Mais tout eſt tellement boulleverſé aujourd'hui parmi les hommes, que les Miniſtres de Paix ſont quelquefois ceux qui nous apportent les Guerres les plus ſanglantes.

CHAPITRE VI.

Détails très-courts, mais trop longs s'ils ennuyent.

SUIVONS cet équipage ſuperbe, continua Almanzine; je le vois qui s'arrête à la porte de cette maiſon. Approchons-nous de plus près. Je ne me trompe pas, c'eſt lui-même. Vous voyez, pourſuivit-elle, un homme qui tient le premier rang à Cithéropolis, & il ne doit pas vous être inconnu. Tous les jours il ſe rend ici régulierement ſur le minuit. La Maîtreſſe du logis, petite Exbourgeoiſe remplie d'orgueil & qui n'a jamais écouté que la voix de ſon ambition, eſt déja ſans doute ſur l'eſcalier prête à le recevoir. C'eſt un Grand, il ne lui en faut pas davantage pour flatter ſa paſſion. Vous auriez tort de penſer que l'amour entre pour quelque choſe dans tout cela, ou qu'au moins elle ſoit ſenſible à la gloire d'avoir un tel Amant. Non elle n'a jamais prétendu lui donner des fers, & je penſe qu'ils n'ont jamais eu l'un pour l'autre aucun déſir. La paſſion du Prince (& vous ſçavez bien que ce ſont elles qui font tout faire aux Grands) ne reſſemble à l'amour que par la vivacité de ſes mouvemens. Au reſte l'une a au moins ſes momens de tranquillité, au lieu que l'autre n'en jouit jamais. En un mot, c'eſt le Jeu qui l'amene chez cette Dame. Comme elle n'a point aſſez de fortune pour faire la partie du Prince, elle a ſoin de raſſembler chez elle les plus grands Joueurs, c'eſt-à-dire ceux qui s'expoſent à y faire les pertes les plus considérables. Le Public qui croit toujours connoître la cause de tout, & qui ignore pourtant le motif des assiduités du Prince, présume qu'il en est éperduement amoureux, & que chaque nuit il va recueillir le fruit de ses soins. Cette idée a plus de vraisemblance que le Public n'en accorde quelquefois aux siennes, & c'est ordinairement celle de laquelle toutes les autres se rapprochent. Elle se soutient, parce que ses assiduités se soutiennent aussi; mais elle a fait à la réputation de la Dame une tache que rien ne pourra effacer. Quelques-uns de ses amis vertueux, ou qui feignent de l'être, ont discontinué leurs visites chez elle. En public on la montre au doigt. Tous ces soupçons cependant quelqu'injustes qu'ils soient ne l'inquietent point. Elle ne songe pas même à les détruire, parce qu'elle n'a les yeux ouverts que ſur la grandeur de celui qui tous les jours ruine de plus en plus ſa réputation. Qu'on le nomme ſon Ami, ſon Amant, tout cela lui eſt indifférent, pourvû qu'on ſçache qu'elle figure avec lui. Cette façon de penſer, quelque ſinguliere qu'elle vous paroiſſe, eſt celle de mille femmes, qui comptent pour rien leur deshonneur lorſqu'elles peuvent ſatisfaire leur ambition ; & eette paſſion eſt toujours dans le cœur d'une femme celle qui remplace l'amour.

Nous nous arrêtâmes près delà dans un Hôtel peu vaſte, mais bien orné, où tout étoit déja extrêmement ttanquille. Un petit Cabinet, dont les fenêtres donnoient ſur la Cour, fut le ſeul endroit où nous apperçûmes une légere clarté, ce qui nous engagea à y entrer. Nous y vîmes un homme d'une figure pâle & ſèche, qui cachant ſon front avec l'une de ſes mains, tenoit de l'autre un papier, dont la lecture qu'il répétoit ſouvent, paroiſſoit l'attacher. Sans doute, dit Almanzine, cet homme eſt un Miniſtre occupé de quelque projet important, & qui regle peut être en ce moment les deſtinées de l'Etat. Non, non lui disje, après avoir jetté les yeux ſur ce papier; ce ſera le Public au contraire qui réglera la ſienne; & quelques ſoient ſes projets, il eſt le ſeul intéreſſé à les voir réuſſir. C'eſt un Auteur célebre. Enhardi de ſes premiers ſuccès, il s'apprête à donner au Théâtre une Tragédie déja connue de tout le monde, & qui en bonne foi dément ſes premieres productions; mais il ſe repoſe ſur l'accueil favorable qu'il a déja reçu de ce Public, &

il a raiſon, car celui-ci, facile à éblouir, ne ſçait plus juger quand il eſt une fois prévenu. Notre Auteur n'a pas manqué de mettre à profit cette heureuſe prévention. Quelques ſituations neuves, parce qu'elles ſortent du vraiſemblable, des penſées quelquefois ſéduiſantes, mais ſouvent fauſſes, des vers pompeux que l'Acteur inſtruit fera valoir, lui aſſureront le ſuffrage des Spectateurs plus émerveillés que touchés. Tout eſt ſuccès pour lui tandis que ce jeune Poëte, dont la muſe encore enfant, craignant de s'écarter du ſentier battu par ſes Maîtres, ſuit pas à pas les routes déja tracées, vient eſſuyer les ſifflets d'un Public qui s'ennuye de tout ce qui n'eſt pas nouveau, auprès duquel il eſt dangereux pourtant de rien hazarder lorſqu'il eſt ſans prévention, & qui lui rendroit plus de juſtice ſans doute s'il vouloit ſonger que l'Aigle même commence ſon vol ſur la Terre avant de le porter dans les Cieux. Je connois comme vous ſes préjugés, dit Almanzine, & le poids d'une grande réputation n'eſt pas auſſi difficile à ſoutenir qu'on le penſe.

CHAPITRE VII.

Qui contient des choſes que tout le monde ſçait.

LE jour ſuivant Almanzine, qui avoit quelquefois oui parler des Spectacles de Cithéropolis, dans l'eſpérance d'y trouver ſon Infidele, voulut l'y chercher. Nous nous rejoignîmes de bonne heure & je la conduiſis à celui qui étoit à la Mode ce jour-là. Quoiqu'on eût allumé depuis longtems &

qu'il fût déja tard, nous ne vîmes que très-peu de personnes dans les Loges & au Théâtre. La Fée en fut surprise & me demanda si ce Spectacle, comme le plus sérieux de Cithéropolis, n'étoit pas le moins fréquenté. Excusez-moi, lui dis-je, c'est au contraire celui auquel on donne aujourd'hui la préférance sur les autres ; & cela feroit soupçonner les Habitans d'un certain bon goût, si l'on n'étoit persuadé qu'il ne la doit qu'au rétablissement de ses Ballets. Quoi ! s'écria Almanzine en m'interrompant, vous dites que.... Eh oui ! interrompis-je moi-même. Il sembloit que toutes ces bagatelles n'étoient réservées qu'aux Spectacles faits pour amuser les yeux sans occuper le cœur ; mais celui ci s'est vû obligé de recourir à cette ressource pour fixer plus sûrement ses Partisans qui, entraînés par l'exemple, étoient prêts à lui refuſer une préférance qu'il mérite ſi bien. Cette fureur s'eſt emparée de tous les eſprits avec ce feu que la Mode prête aux goûts les plus bizarres ; & c'eſt depuis ce tems que Melpomène n'eſſuye plus ſes larmes qu'avec le mouchoir de la Folie.

Quant à l'étonnement que vous marquez, continuai-je, il eſt juſte de vous ſatisfaire, & vous en ſeriez déja quitte ſi vous connoiſſiez comme moi un Auteur peu lû, mais très-fécond, qui a dit là-deſſus les plus Jolies choſes du Monde. Nous ſommes actuellement dans la belle Saiſon, & chacun eſt ſuppoſé à ſa Campagne. Je dis ſuppoſé, parce qu'effectivement le plus grand nombre eſt tranquillement renfermé dans les murs de la Ville. Croyez-vous, que pendant tout ce tems-là il ſoit décent de ſe montrer ſoit aux Spectacles, ſoit aux Promenades; l'amour propre auroit trop à ſouffrir, & il vaut mieux périr ſeul d'ennui dans ſa chambre, que de manquer ainſi aux airs & au bon ton. Une réputation qu'on veut conſerver, exige bien des ménagemens; & quand on en uſe à propos, cela revient préciſément au même, parce qu'on ne fait conſiſter le plaiſir que dans l'opinion qu'on en donne aux autres; comme s'il nous ſuffiſoit pour être heureux qu'on crût que nous le ſommes. Et penſez-vous auſſi qu'on aille à la Campagne chercher des plaiſirs plus touchans? La Mode, ce dangereux Bon-ton, y accompagne tous ceux qu'il y conduit, & l'on n'y va guère reſpirer que de nouveaux ennuis. Une Coquette accoutumée à vivre dans le grand Monde, un Financier qui ne ſçait qu'étaler l'or de ſes habits, un Fat qui veut que tout retentiſſe du bruit de mille bonnes fortunes imaginaires, peuvent-ils s'amuſer des charmes de la nature ? Cette nature précieuſe ne produit ordinairement ſon effet que ſur les cœurs que la Mode ou l'Exemple n'ont point gâtés, ſur les cœurs qui ne regardent point le Sentiment comme une chimère, puiſqu'ils portent avec eux la preuve la plus vraie de ſon exiſtance, cœurs rares qui ſeuls peuvent jouir des délices que ſa main divine leur préſente.

A peine eus-je ceſſé de parler qu'on leva la toile. Les Acteurs parurent. Alors quelques-uns de ceux qui étoient autour de nous, & qui avoient juſques-là gardé le ſilence, ſe mirent à parler haut, lorgnerent toutes les Dames, applaudirent à pluſieurs morceaux qu'ils n'avoient point entendu, & raiſonnerent ſur le Jeu des Acteurs, quoiqu'ils ne l'euſſent pas même remarqué, ſuivant le prix qu'ils avoient toujours vû mettre à leurs talens. Ils ſaluerent très-reſpectueuſement quelques Actrices qu'ils avoient apperçues dans les Loges, & qu'ils traiterent enſuite tout bas d'une façon peu reſpectueuſe. Après cela leur converſation tomba ſur le mérite de la Pièce que l'on repréſentoit. Ils en avoient autrefois lû une Critique faite par un homme ſage & judicieux, qui ne s'étant pas appliqué, comme il arrive ſouvent, à marquer ſeulement les défauts de l'ouvrage & à déchirer la perſonne, en avoit au contraire relevé en même tems les beautés auxquelles il avoit donné des éloges. Cela formoit un petit mêlange qui les mettoit à portée d'affecter de vraies connoissances en ce genre. Ils prirent le ton décisif, & tous ceux qui les écoutoient, aussi persuadés que surpris (quoique fort mécontens de ce que cette conversation les avoit empêché d'entendre les Acteurs) ne laisserent pas d'admirer leur jugement. Nos Discoureurs, enchantés de cette admiration qu'on leur montroit, continuerent leurs propos avec plus de feu, parlerent des Auteurs modernes & de leurs Ouvrages, approuverent le motif qui avoit fait imaginer à quelques-uns de dépouiller les Pièces de Théâtre de toutes les difficultés que l'Art y a introduites, en y substituant des Pièces sans intrigue, sans dénouement, ou sous le nom de Scènes Episodiques & à Tiroir, on se dispensoit même d'y jetter, ce qu'il est si naturel de chercher, de l'intérêt. Des Sujets moins sérieux ſuccéderent bientôt à ceux-ci. On lorgna de nouveaux les Actrices, dont on raconta quelques aventures qui tournoient toutes à la honte de leurs Entreteneurs ; & l'on finit par une courte digreſſion ſur ces Ecoles de l'amour, où il diſtribue ſes leçons avec tant de ſuccès. L'un d'eux, d'un air ſucré & myſtérieux, y joignit un petit ſouper pour le ſoir même avec l'Actrice qui venoit de paroître ſur la Scène, & les autres, après avoit dit d'elle beaucoup de mal, envierent le ſort du premier & l'en féliciterent.

Almanzine, que tous ces propos avoient amuſé pendant quelque tems, me fit obſerver qu'on étoit déja au ſecond Acte, & que le Génie ne s'étant point encore montré, elle ne devoit pas ſe flatter de le voir arriver. Que cela ne vous inquiete pas, lui dis-je ; pour peu que le Génie connût les usages, il se garderoit bien de paroître ici avant le milieu de la Pièce. Elle ne me parut point surprise de ce nouveau ridicule, parce qu'elle voyoit bien ce qui amenoit tout le Monde dans ce lieu ; le plaisir d'être vû, celui de faire briller le bon goût de ses habillemens, de se faire des mines, en avoit fait un rendez-vous, plutôt que cette douceur si flatteuse de s'occuper agréablement le cœur en amusant l'esprit.

La Pièce finie nous nous en retournâmes fort mécontens d'avoir fait une démarche inutile dans un lieu où tant d'Auteurs ont fait trouver si à propos des Amantes, ou des Epouses fugitives. Almanzine m'en parut si affligée, que je jugeai facilement qu'une femme qui veut se venger d'un infidelle, a de la peine à faire diversion à cette idée. Nous nous arrêtâmes peu ce jour-là dans toutes les Maiſons où nous entrâmes, parce que nous n'y vîmes rien que de très-ordinaire, & ce ne fut que le lendemain que nous fûmes témoins d'une aventure qui peut faire alluſion avec un trait fameux de l'ancienne Rome.

CHAPITRE VIII.

L'Anti-Lucrèce

TOUT le Monde ſçait auſſi-bien que moi la ſurprenante Hiſtoire de cette illuſtre Romaine, qui aima mieux ſe donner la mort que de ſe rendre à un homme qui ne lui plaiſoit point. Je veux bien n'être pas du ſentiment de ceux qui prétendent que ce ne fut qu'après avoir cédé aux transports de Tarquin, & sauver ainsi à Lucrèce un deshonneur chez la postérité. Ce sont-là de ces circonstances équivoques dont on n'est jamais bien sûrement informé. Quoiqu'il en soit, l'époque de sa mort a pû souffrir ce petit dérangement sans anacronisme. Comme elle n'est point de mon sujet, je n'en ferai pas la matiere d'une longue question.

Cette Histoire, dis-je, n'étoit pas ignorée à Cithéropolis. Toutes les femmes n'en parloient qu'avec une admiration qui paroissoit tenir de l'incrédulité; & elles n'en seroient point persuadées encore, si un exemple, plus vraisemblable pourtant du courage & de la fermeté de leur Sexe, n'étoit venu leur confirmer, qu'il est des occasions où il ne manque ni de l'un ni de l'autre. C'est-là cette aventure

ture dont je veux parler, qui se passa sous nos yeux, & qui fit le lendemain la nouvelle du Jour dans toute la Ville.

C'étoit dans une de ces Maisons où, malgré l'obscurité de ceux qui les habitent, on voit regner autant de faste que dans celles des Grands. La Maîtresse du Logis étoit une Dame, dont le mari avoit été enlevé depuis quelques semaines par une mort subite; & cette impatiente Veuve n'attendoit plus que le tems de pouvoir avec décence passer dans les bras d'un second Hymen. Ce n'étoit pas cependant qu'un mari fût extrêmement de son goût; elle sçavoit à merveille se passer du mariage, mais elle le regardoit comme nécessaire; & toutes les femmes sçavent bien les raisons qui le lui faisoient trouver tel.

Elle avoit d'abord jetté les yeux

ſur certain octogénaire qui lui convenoit admirablement, & il faut avouer que de ce côté elle étoit un peu modeſte. L'on verra bientôt ce qui dérangea ce projet. En attendant elle avoit égayé ſon veuvage par tous les petits plaiſirs qu'elle pouvoit ſe procurer ſans bruit.

Un homme riche & d'un âge mûr, frappé des attraits de la jeune Veuve, en devint ſi éperduement amoureux, qu'il ſe propoſa de l'épouſer. On juge bien qu'il étoit mal informé de ſes intrigues & qu'il la ſuppoſoit vertueuſe.

Comme il ne pouvoit guère lui découvrir un pareil deſſein dans un tems où il la voyoit verſer encore des larmes ſur la perte de ſon Epoux, il réſolut d'attendre que ces premieres impreſſions de la douleur fuſſent effacées. Il ſe fit introduire chez elle ſans annoncer aucunes vûes particulieres, & profita du ſilence auquel il ſe croyoit obligé pour étudier plus ſûrement le caractère d'Aménis, c'eſt le nom de la Veuve.

Aménis plus que coquette en auroit impoſé là-deſſus à toute la Terre. C'étoit une femme que l'on ne connoiſſoit jamais moins que lorſqu'on croyoit être près de la deviner. Elle avoit de l'orgueil, vouloit du reſpect, & pour cela elle prenoit un air grave. Elle auroit craint que de l'enjouement ne la fit croire d'un accès facile, & elle étoit ſérieuſe. Cette conduite la mettoit fort au-deſſus des ſoupçons, & dans le Monde on ſçait que cela ne ſert qu'à mettre auſſi une femme plus au large, parce qu'il ſemble qu'on ait continuellement les yeux fixés ſur celles que l'on a une fois ſoupçonné, & qu'on n'apperçoive rien chez les autres ; de façon qu'Aménis ne se gênoit en apparence que pour l'être beaucoup moins au fonds. D'ailleurs, elle voyoit des femmes, & ce sont des Juges éclairés avec lesquels il est encore plus difficile de dissimuler à propos qu'avec les hommes.

Almaïr aussi touché du caractere d'Aménis qu'il avoit été enchanté de sa figure, surpris d'avoir trouvé en elle une femme qui réunissoit l'estime de son Sexe à tant de décence & de beauté, ne contint qu'avec plus de peine le silence qu'il s'étoit imposé. Cependant elle lui paroissoit encore pénétrée d'une si grande douleur, surtout il lui trouvoit tant de fierté, mais de cette fierté qu'on n'attribue jamais qu'à une extrême vertu, qu'il étoit moins hardi à s'expliquer.

Faire parler ses assiduités, ses

complaisances, ses petits soins, c'est un langage rebattu, mais toujours écouté. Aménis l'entendit, & en marqua à Almaïr plus de confiance.

Les femmes ordinaires, lorsqu'elles ont reconnu dans un homme le caractere d'un Amant, s'arment de plus de sévérité, & paroissent ainsi se mettre en garde contre les attaques qu'on pourroit leur porter; mais celles qui se croyent respectables, contentes du sentiment qu'elles inspirent, se reposent sur lui du soin de les défendre. On ne sçauroit d'ailleurs redouter un Amant sans avouer en même tems sa propre foiblesse. Ce n'est pas qu'avec cette sécurité, elles ne donnent quelquefois prise sur elles-mêmes, & on en a vû que cette conduite amenoit insensiblement au point décisif; mais Almaïr étoit trop abusé sur le compte d'Aménis pour en venir là aussi promptement.

La petite confiance qui s'établit entr'eux fut bornée d'abord à quelques entretiens secrets, où l'on fit amplement l'éloge funèbre du défunt. On sçait que c'est toujours par-là qu'on débute avec toutes les Veuves du Monde. Almaïr alla ensuite jusqu'à dire, que le regret le plus sensible qu'il eût emporté dans le tombeau étoit sans doute celui d'être privé de la possession d'une Epouse telle qu'Aménis ; cela est encore dans les regles. Aménis, plus flattée de cet éloge si naturel de ses charmes que de tout le bien qu'Almaïr avoit dit de son mari, laissa couler quelques larmes, qu'on ne regarda encore que comme l'effet d'un souvenir toujours cher. Almaïr se reprocha vivement en apparence de le lui avoir rappellé, & promit de ne l'en plus entretenir. Pour essayer de la distraire, des sujets plus riants succéderent à ceux-ci. Aménis se prêta si bien à la distraction qu'Almaïr n'auroit pas manqué de se flatter d'avoir assez bien pris auprès d'elle, s'il n'eut été persuadé qu'il avoit affaire à une femme froide & sévere. Cela fit que toutes ces premieres entrevûes, quoi qu'Aménis y eut jetté moins de rigueur, se passerent encore sans déclarations de la part d'Almaïr. Mais le moment arriva enfin où celui-ci lui avoua sa passion avec tant de feu, qu'Aménis, qui sçavoit ce que c'est qu'une déclaration, ne laissa pas de la croire sincere.

Almaïr, dont les vûes alloient droit au mariage, n'avoit pas manqué de l'en instruire. Pour elle, étoit bien aise de faire là-dessus ses réflexions. Sans rejetter les propositions d'Almaïr, qui parurent lui causer quelque surprise, elle se contenta de lui répondre, qu'elle n'avoit pas envie de se donner dans le Monde un ridicule en songeant si promptement à de nouveaux nœuds, & qu'elle tenoit furieusement aux loix de la décence.

Tous ces détails qu'il trouvoit insupportables, ne le lui parurent jamais tant que lorsqu'il commença à espérer. Peu à peu Aménis parut s'accoutumer à entendre dire qu'elle étoit aimée. Sentir qu'on s'aime, se l'avouer, s'en donner les preuves les plus claires, n'est souvent que l'ouvrage de quelques jours. Aménis connoissoit cet usage & l'avoit toujours suivi. Si Almaïr n'eût été qu'un Amant ordinaire, une semaine auroit suffi pour mettre ses affaires en bon train, & pour le guérir peut-être de sa passion ; mais une femme qui sçait se conduire (& Aménis le sçavoit fort bien) n'ignore pas qu'un homme qui veut devenir Epoux, ne doit jamais rien obtenir comme Amant.

Aménis n'étoit pas sans goût pour Almaïr ; & quoiqu'elle ne fût rien moins que disposée à consulter son inclination dans le choix d'un Epoux, elle ne laissa pas de s'applaudir de celui-ci, parcequ'un mari que l'on ne hait point, peut au moins remplir certains vuides qu'il est impossible de ne pas quelquefois rencontrer. L'on juge bien qu'elle se promettoit de lui associer des Favoris, usage qu'elle trouvoit sans doute fort bon, & qui ne se prescrit guère quand on l'a une fois adopté.

Almaïr apprit bientôt d'Aménis qu'elle consentoit de recevoir sa main. Fier de ce succès il en fit éclater sa joye, & travailloit déja sérieusement aux préparatifs de leur mariage qui devoit se terminer dans peu de jours, lorsqu'un petit incident, qu'Almaïr regarda comme un coup du Ciel, vint détruire tous leurs projets & briser les flambeaux que l'Hymen étoit prêt d'allumer.

On avoit affecté par air de tenir tous ces préparatifs cachés, mais les Nouvellistes, pour qui il n'est ni voiles ni nuages, & qui percent toujours dans les mysteres les plus secrets, en répandirent tout-à-coup le bruit. Ce fut alors qu'Almaïr fut regardé comme un insensé par quelques-uns de ceux qui connoissoient Aménis, ou qui avoient eux-mêmes obtenus ses bonnes graces. Le hazard voulut que de ce nombre fut un jeune Seigneur nommé Arsace, lié étroitement avec Almaïr. Quoiqu'il eut plus de discrétion que n'en ont d'ordinaire ceux de ſon âge, & principallement ceux de ſon rang qui ont la fureur de croire qu'une femme eſt honorée lorſque ce ſont eux qui la deshonorent, il crut que dans une occaſion de cette eſpece il pouvoit ſans crime détourner le coup qui menaçoit Almaïr, car il n'étoit pas non plus aſſez lâche, pour croire qu'un honnête homme dût être inſenſible à de pareils affronts. Il vit Almaïr, & ſa paſſion d'autant plus naturelle, qu'elle étoit fondée ſur l'eſtime, lui parut ſi violente, qu'il jugea aiſément qu'il faudroit des ſecours bien puiſſans pour l'éteindre. Il ne lui diſſimula point tout ce que ſon expérience même lui avoit appris d'Aménis, qui prompte à s'enflâmer, changeoit de même l'objet de ſa paſſion.

Un autre qu'Almaïr auroit refuſé de le croire à cauſe de l'aveuglement même de ſon amour, Alamaïr ne le crut point, parce qu'il ne pouvoit ſe réſoudre à penſer mal de perſonne, & bien moins encore d'une femme qui lui avoit paru eſtimable. Il ne connoiſſoit point Arſace pour un Petit-Maître plus accoutumé encore à dire du mal des femmes, que diſpoſé à le penſer ; cependant ſon caractere de bonté lui fit naître là-deſſus des ſoupçons. Il n'en témoigna rien à ſon ami, lui montra au contraire beaucoup de reconnoiſſance de l'avis, ſe promit en ſa préſence d'en profiter, & tout bas remît à en juger par lui-même pour ne point faire aucune fauſſe démarche.

Depuis ce tems il ne s'occupa plus qu'à étudier toutes celles d'Aménis. Elle étoit impénétrable, & il falloit attendre (en ſuppoſant que tout ce qu'on lui avoit dit fût vrai) que son art même la démasquât.

Elle continuoit toujours à voir des femmes, dont le commerce ne pouvoit donner d'elle qu'une idée favorable. Parmi les hommes qu'elle voyoit, il n'y avoit aucun de ces jeunes Eventés, dont la compagnie seule suffit pour ruiner la réputation. Dans un cercle choisi de gens que pour la plûpart l'âge avoit déja rendu sérieux, il n'étoit guère possible d'en imaginer un seul capable d'entretenir la moindre intrigue; & c'est de cette façon que l'on s'abuse tous les jours, comme si les passions n'étoient pas de tous les âges. Tout cela jetta Almaïr dans un embarras d'autant plus cruel, qu'il n'étoit pas du tout d'humeur à être extrêmement tranquille sur un chapitre aussi délicat.

Dans cette perplexité il eut recours à Arſace. Celui-ci confirma ce qu'il avoit dit par tout ce qu'il pût imaginer de plus perſuaſif. S'il ne perſuada pas Almaïr en effet, du moins le laiſſa-t-il réſolu, pour éviter tout genre de reproches, à chercher un prétexte pour rompre ſans éclat avec Aménis.

Il étoit dans ces réſolutions; mais une occaſion, qui ſe préſenta de s'inſtruire plus particulierement de la conduite d'Aménis, l'en fit changer. Ce fut Aménis elle-même qui l'offrit ſans le ſçavoir.

Elle congédia l'un de ſes Domeſtiques, dans lequel elle avoit juſques-là montré le plus de confiance. Tant qu'Hector (c'eſt le nom du Domeſtique) avoit été au ſervice d'Aménis, il eût été moins facile de parvenir à le ſéduire, & en ce cas Almaïr auroit eu à craindre de devenir ſuſpect; mais depuis ſa ſortie de chez elle, on pouvoit, avec d'autant plus de raiſon, ſe promettre de le faire parler, que dans une telle ſituation il devoit ſe trouver moins diſpoſé à dire du bien d'elle. Pour en profiter il étoit aiſé d'engager Hector, ſous la promeſſe d'une récompenſe honnête, de faire à Almaïr un détail bien circonſtancié de toutes les petites intrigues d'Aménis, dont il ne pouvoit manquer d'être parfaitement inſtruit. Almaïr le fit venir chez lui.

Hector, ébloui par ſes promeſſes, commença, pour ſe faire valoir, à affecter là-deſſus des ſcrupules. Almaïr n'en fut point du tout ſurpris, parce qu'il s'y étoit attendu. Il continua de le preſſer en faiſant briller à ſes yeux quelques pièces d'or, que l'autre reçut avec une avidité, qu'il déguiſa autant qu'il fut en lui. Après cela il jura, que le déplaisir de voir tromper un homme d'aussi bonne foi qu'Almaïr, étoit tout ce qui lui ouvroit la bouche; que s'il n'avoit pas rompu le silence plutôt, c'est qu'un Domestique de confiance doit toujours le secret à ceux qui l'en honorent. Ce petit cérémonial achevé, il commença l'histoire d'Aménis en remontant jusqu'à son enfance. Alors elle ne fut point épargnée. Les billets doux dont Hector avoit été mille fois chargé, les rendez-vous nocturnes dont il avoit été informé par une de ses femmes (qu'il aimoit apparemment) qui entroit seule dans ces sortes de confidences, le commerce qu'elle entretenoit encore avec un Petit-Maître & deux Abbés, tout fut exactement dévoilé. Almaïr frémissoit en même tems de rage & de honte, & plus il avoit jusqu'alors voulu éviter l'éclat, plus il cherchoit à punir Aménis de la maniere la plus éclatante. Sa fureur lui fit prendre une résolution la plus bizarre, mais la plus capable d'humilier une femme & de marquer son avilissement.

Il continua ses assiduités auprès d'Aménis, & quoiqu'il en coûtât à son caractere & à ses sentimens pour elle, il sçut se contraindre assez pour lui dérober les agitations qui le dévoroient. Il ne s'occupa qu'à lui montrer chaque jour plus d'ardeur.

Touchée de ses soins, touchée de tant d'amour (parce que la Coquette même la plus décidée n'y résiste pas) Aménis ne put s'empêcher de laisser entrevoir à Almaïr combien elle y étoit sensible. Ces nouvelles connoissances le flatterent d'autant plus, que c'étoit-là l'unique objet de tant de contraintes. Il sçut en profiter à propos, & se servit ainsi des armes qu'elle lui fournissoit contre elle-même.

Quoique dans la situation où ils étoient ensemble, il parut essentiel à Aménis de ne point traiter trop bien Almaïr, néanmoins il se rencontroit quelquefois des momens où toute sa coquetterie n'étoit pas assez forte pour lui faire réprimer des désirs trop vifs. Alors elle s'abandonnoit avec tant de feu aux feints transports d'Almaïr, que celui-ci ne douta plus, qu'en choisissant un de ces instans favorables, il ne l'amena au point de devancer les faveurs de l'Hymen. D'ailleurs tout ce qu'il sçavoit d'Aménis, l'extrême mépris qu'il avoit pour elle, lui faisoit prendre bien des libertés qu'on ne se permet jamais avec une femme qui inspire l'estime, & qui servent beaucoup à hâter les progrès de l'amour ; car si cette hardiesse, si cette confiance, que donne la certitude d'être aimé, ne sont point le guide ordinaire aux Amans délicats, il faut avouer aussi qu'elles ne font pas moins beaucoup d'Amans heureux. Les femmes sont si foibles, que la résistance, que nous leur voyons opposer, ne prend le plus souvent sa force que de notre timidité. Plus heureux pourtant l'Amant qui, ne voulant rien devoir à sa foiblesse, obtint de l'amour seul des faveurs mille fois plus chères !

On pense bien que les dispositions où Almaïr trouvoit Aménis étoient peu capables de faire impression sur lui. Ses charmes n'avoient plus rien qui pût le séduire. Bien différent de ceux qui ne cherchent que les faveurs des objets pour qui ils ont du mépris, il étoit persuadé qu'elles ne sont rien lorsqu'elles viennent d'une personne qu'on n'estime pas. Cependant il falloit, pour remplir ses vûes, montrer à Aménis de la vivacité, des transports. Celle-ci qui dans mille occasions peut-être auroit désiré lui voir pousser plus loin encore ses entreprises, commençoit à s'impatienter, & craignoit qu'Almaïr ne voulût par scrupule attendre la Bénédiction nuptiale. Cette idée fit qu'elle le pria d'en presser les instans ; mais il rejetta la cause de son retardement sur quelques formalités, & des arrangemens de famille qu'on ne pouvoit éviter.

Toutes ces raisons lui imposerent une sorte de silence sans lui ôter son impatience ; & en attendant elle s'appliquoit elle-même à le défaire de ce faux respect qu'il lui marquoit, respect inutile qui ne touche plus lorsque chez une femme la vanité a fait place aux désirs. Almaïr eut d'autant moins de peine à s'accoutumer à lui en manquer, que cela le débarrassoit du joug importun de la dissimulation, qui étant une gêne cruelle pour les femmes, quoiqu'elles semblent formées avec elle, est pour les hommes bien plus insupportable encore.

Il en devint si hardi, qu'ayant déja prévenu les approches, il ne lui falloit plus pour triompher qu'un rendez-vous d'une minute. Aménis ne tarda pas à l'accorder, & Almaïr s'y trouva avec une exactitude très-Bourgeoise.

Il n'étoit guère que neuf heures du soir, cependant elle avoit déja renvoyé tout son monde. Elle s'étoit retiré dans la pièce la plus enfoncée de son appartement, vrai séjour de la Volupté, où dans un deshabillé galant imaginé pour prêter des attraits à celles qui en ont le moins, dans ce désordre qui sert de parure aux Graces, couchée négligemment sur une Duchesse d'une couleur de rose vif, elle s'apprêtoit à livrer de tendres combats à l'Amour. Ce fut-là où nous la trouvâmes en entrant chez elle. La tranquillité dont elle paroissoit jouir ne permettoit pas de croire qu'elle attendît un Amant chéri. Elle promenoit ses regards sur elle-même avec une indifférence, que ni le tems ni l'occasion ne laissent jamais aux Amans véritables. Que cet état représentoit bien celui d'une Coquette, dont le cœur déja plus qu'émoussé, ne peut être remué que dans les instans décisifs où la Nature entière semble éprouver du dérangement ! C'est ainsi que l'habitude nous prive de l'avantage le plus précieux, en nous ôtant ces mouvemens tendres & violens à la fois, cette heureuse impatience, ce trouble délicieux, avant-coureurs charmans du Plaisir, qui valent ſouvent mieux que lui-même. Cependant une table dreſſée au milieu du Cabinet, couverte de quelques mêts froids & d'une grande quantité de fruits, en préſentant le ſpectable de la plus jolie collation du Monde, faiſoit bien ſuppoſer qu'Aménis ne devoit pas ſouper ſeule. Almaïr parut.

Je ne peindrai point l'eſpèce d'empreſſement qu'Aménis lui témoigna. C'étoit des minauderies, de la coquetterie & rien de plus. Almaïr étoit entré avec un air victorieux, qui au premier coup d'œil l'auroit fait prendre pour un Fat très-décidé, mais qui, comme j'en jugeai par la ſuite, n'étoit que l'effet de la joye intérieure qu'il goûtoit, en ſongeant à la Scène qu'il apprêtoit à Aménis.

Il courut s'aſſeoir à ſes côtés, &

tourna ſur elle des yeux doux & languiſſans, dont l'expreſſion parut animer les ſiens. De ſon côté, elle mit en jeu tout le clinquant, tous les faux tréſors qui, chez une Coquette, tiennent lieu des biens réels. Une attitude, qu'elle prit enſuite comme par hazard, mit à découvert les trois quarts de ſes charmes ; & pendant qu'Almaïr la preſſoit fortement entre ſes bras, en bruſquant un peu les choſes..... Ah ! mon cher Mari, s'écria-t-elle (elle lui donnoit déja ce nom par anticipation, parce qu'elle le ſentoit peu éloigné de le devenir) jugés de l'excès de mon amour par celui de ma foibleſſe.

Cette exclamation, qui ſuppoſoit bien qu'elle avoit deſſein de tout accorder, fut une nouvelle victoire pour Almaïr. Elle pencha ſa tête ſur lui en le ſerrant lui-même avec tranſport. Il écarta adroitement

tement tous les obſtacles qui s'opposoient à leur bonheur. Aménis, en affectant un air modeſte, avoit déja fermé les yeux comme pour n'être pas témoin de l'ardeur d'Almaïr, mais dans le fond pour jouir avec moins de diſtraction de ce recueillement de l'amour inventé par les Voluptueux, lorſque celui-ci, par un mouvement auquel elle s'étoit d'abord mépris, laiſſa l'Autel ſans offrande, & la Prêtreſſe dans l'étonnement le plus furieux. C'en eſt aſſez, lui dit-il en fixant ſur elle un regard dédaigneux, & je n'attendois que cela pour rendre ma vengeance complette. Rougis à préſent, ſi tu le peux, d'être la femme la plus mépriſable. Je pourrois t'en dire davantage, mais je te mépriſe trop pour te répéter tout ce que j'ai appris de toi. Puiſſe-t-il en arriver autant à toutes celles qui te reſſemblent ? Là-deſſus il prit ſon épée & partit.

Aménis fut pénétrée de la plus vive douleur. Elle étoit accoutumée à de pareils mépris de la part de tous ceux à qui elle distribuoit des faveurs, parce que c'est toujours par-là qu'on finit avec les femmes de son espèce; mais l'action d'Almaïr, & le peu de cas surtout qu'il avoit fait de ses charmes, étoit ce qui l'offensoit sérieusement. Elle courut à la table, se saisit d'un coûteau, & alloit se percer le sein à nos yeux, si sa Confidente, qui étoit accourue au bruit, n'eût retenu son bras, en lui représentant que, pour une petite scène de cette nature, une femme n'étoit pas toujours perdue sans ressource, & qu'il y avoit mille exemples, que des Cavaliers très-bien faits étoient devenus fous de femmes sans beauté, qui cent fois avoient été aussi deshonnorées.

CHAPITRE IX.

Evenemens très-communs, & auxquels depuis longtems on ne prend plus garde.

DEPUIS l'époque de l'Aventure presque-tragique d'Aménis, il se passa plusieurs jours pendant lesquels nous ne vîmes encore que ces détails légers qu'on rencontre partout & à tous momens. Ici c'étoit un homme avec des désirs éteints, qui, n'ayant d'autre douceur que celle de voir son imagination s'échauffer par les songes du passé, rassembloit chez lui à grands frais les plus belles femmes de Cithéropolis, & en formoit un petit Sérail agréable, dont il n'étoit que le Gardien. Là c'étoit une fille jeune & ſans expérience, qui, après avoir réſiſté conſtamment aux entrepriſes d'un Amant aimé, ſe voyoit arracher cruellement ſes plus précieuſes faveurs par celui pour qui elle n'avoit que du dégoût. Nous vîmes auſſi pluſieurs femmes vertueuſes autant qu'aimables, qu'on avoit mariées le matin même à des hommes qu'elles n'avoient vû que deux fois, & auxquels pourtant elles ſe livroient ſans façon, parce qu'elles le faiſoient par devoir. Celles-là n'avoient guère que le mérite d'une vile Courtiſane qui s'eſt rendue au premier venu. Combien ne vîmes-nous pas de ces gens qu'on appelle Heureux dans le Monde, & qui le ſeroient en effet s'ils pouvoient jouir dans leurs Palais ſuperbes de cette tranquillité de l'eſprit, de cette paix du cœur qui n'habitent ſouvent que ſous les ruines d'une chaumière. Mais que l'idée qu'on se forme du bonheur est fausse & trompeuse ! Il faudra le mettre au nombre des Etres chimériques, & ce n'est qu'en se faisant illusion qu'on peut le trouver. J'ai vû le vieux Damis s'applaudir d'avoir le premier joui des charmes de sa Maîtresse, & en donner pour preuve les obstacles qu'il avoit, disoit-il, rencontrés, parce qu'il prêtoit à l'extrême innocence d'une fille, dont les débauches étoient connues depuis longtems, ce qui n'avoit pour cause que sa propre foiblesse.

Je passerai légerement sur la rencontre de certaine Soubrette, auprès de laquelle je manquai de voir échouer toute la fidélité que j'avois jurée à Eléonore.

C'étoit vers le milieu de la nuit. J'étois encore rempli de l'idée d'une fille charmante que nous avions trouvée aſſez près de-là dans un ſommeil profond, & qui paroiſſoit occupée des ſonges les plus riants. Je ne pus voir ſans une nouvelle émotion Sylvia (c'eſt le nom de la Soubrette) dans l'appareil ſéduiſant que Vénus même emprunte du déſordre de la nuit. Elle étoit au lit. Ses yeux languiſſamment ouverts ſe fixerent ſur la porte au premier bruit que nous fîmes en entrant. Eſt-ce vous, s'écria-t-on, d'un air également inquiet & empreſſé...... Cette voix ſi tendre porta dans mon cœur un trait de feu. Sans reſpect pour la Fée, qui s'efforça de me retenir, j'allois répondre à Sylvia que j'étois l'Amant qu'elle attendoit, car je devinai aſſez ce que cela vouloit dire, j'allois dans ſes bras profiter de la mépriſe, & me rendre le plus heureux des hommes, lorſque nous en vîmes entrer un extrêmement bienfait, qui, avec toutes les graces de la premiere jeunesse, réunissoit cet air noble que de nos jours on a confondu quelquefois avec l'aisance, ou pour dire mieux, avec l'étourderie & les impertinences des jeunes Marquis. Il fut sitôt arrivé à son chevet, qu'elle n'eut pas le tems de douter que ce fût lui. Apparemment qu'il se faisoit attendre depuis longtems, puisqu'il s'excusa sur la difficulté qu'il avoit trouvée à échapper à ses Argus, qui, disoit-il, le tenoient si bien enfermé, qu'il avoit eu besoin de toute l'adresse de l'amour pour parvenir jusqu'à elle.

Après cette courte ouverture on mit les momens à profit. Avec quelle économie employe-t-on ceux qui sont destinés aux Plaisir! On juge bien qu'ils firent tout ce qu'on a coutume de faire, lorsqu'après avoir soupiré longtems, on parvient à tromper les ſoins d'un pere & d'une mere qui, ſur la foi d'une double ſerrure, croyent leur fils tranquillement endormi auprès d'eux.

A leurs premiers tranſports ſuccéderent tous les petits diſcours que la Volupté & l'occaſion rendent éloquens, & qui ne ſeroient rien moins que cela ſi l'on jouiſſoit alors d'aſſez de raiſon pour en reconnoître le ridicule. Lindor & Sylvia s'applaudiſſoient de l'heureuſe invention à laquelle ils devoient tant de délices ; mais un petit inconvénient les précipita tout-à-coup de ce faîte du bonheur.

Ariſte (c'eſt le pere de Lindor) avoit encore pour toutes les femmes, en dépit de la ſoixantaine, un goût, qu'à ſon âge on peut appeller libertinage. Quoique depuis quelques années il eut fait la paix avec la ſienne, c'eſt-à-dire qu'il eût renoncé à toutes les intrigues publiques qu'il avoit juſques-là entretenues, il ne laiſſoit pas de former de tems en tems de petites liaiſons propres à ſatisfaire ſon penchant. On auroit eu de la peine à trouver en ces occaſions un homme plus généreux que lui. L'or eſt pour un Vieillard la ſeule clef qui lui reſte pour s'ouvrir les portes de l'amour. Il n'avoit pas été plus inſenſible aux charmes de Sylvia (c'étoit la Fille-de-chambre de ſa femme) qu'il l'avoit toujours paru à ceux de mille autres objets. Il ne ſe flattoit pas de la ſéduire, mais il pouvoit l'éblouir facilement. Combien de fois il avoit utilement mis cette recette en uſage avec des Beautés plus fières qu'une ſimple Soubrette ? Réſolu d'exécuter ſon projet, il s'étoit levé cette nuit même d'auprès de ſa femme, & avoit gagné ſans bruit la Chambre de Sylvia.

Je ne doutai point en le voyant arriver, que cela ne fît un *quiproquo*, dont tout le Monde ne riroit pas. J'étois cependant fort éloigné de croire que ce fût le pere de Lindor. Quelle allarme ſa préſence vint jetter au milieu des deux Amans ! Il parut lui même ſi troublé, qu'il reſta ſans rien dire. Sylvia ſe couvroit le viſage avec ſes deux mains, & Lindor étoit déja aux genoux de ſon pere. Celui-ci, ayant eu le tems de ſe remettre, joua ſon rôle admirablement. Il feignit d'avoir entendu quelque bruit dans la Chambre de ſon Fils, & de n'être monté chez Sylvia que pour ſe convaincre de la vérité de ſes ſoupçons. Les menaces vinrent enſuite, & il entra bientôt dans une fureur, que les larmes de Lindor & celles de Sylvia ne pûrent appaiſer. Lindor crut ne pouvoir échapper à ſon couroux que par une prompte fuite, & il courut ſe renfermer dans ſa Chambre, & ſans doute s'y déſeſperer. Ariſte, demeuré ſeul avec Sylvia, continua pendant quelque tems de lui faire de vifs reproches. Juſques-là j'en avois cru le faux emportement d'Ariſte. Sylvia ne manqua pas de rejetter une partie de la faute ſur Lindor qui, diſoit elle, avoit employé la force pour la vaincre. Ariſte s'adoucit ſi bruſquement, il commença à attacher ſur elle des regards ſi tendres, que je devinai ſon deſſein & ce qui l'avoit amené. Sylvia pleuroit encore, il s'approcha d'elle de plus près, lui dit de ſécher ſes larmes, prit une de ſes mains & s'aſſit à ſes côtés. Il faiſoit beau voir ce Pere, qui tout à l'heure regardoit ſon Fils comme un monſtre, preſſer Sylvia dans ſes bras & s'efforcer de devenir autant & plus coupable que lui. Sylvia le repoussoit à peine. Une femme ose-t-elle résister à un homme qui vient d'être témoin de sa honte? Contente de racheter à ce prix un fantôme d'honneur (car elle pensoit bien qu'Ariste pouvoit le lui faire perdre en divulguant son aventure) elle céda à ses entreprises. Il la quitta bientôt, en l'assurant qu'il seroit discret & reconnoissant.

Dès le lendemain, sous un prétexte feint, il fit partir Lindor pour...... après lui avoir encore exagéré son crime, qu'il tint cependant caché. Mais ce fut moins pour l'en punir, que pour écarter à la fois un Témoin suspect & un Rival dangereux.

CHAPITRE X. ET DERNIER.

Qui n'eſt pas le plus vraiſemblable de tous. Oracle accompli.

IL ne ſèra pas difficile peut-être de ſuppoſer, que laſſez l'un & l'autre de tant de recherches infructueuſes, nous commencions à croire que les Oracles de Zemphis n'étoient point infaillibles. Nous en devinmes ſi mauſſades, que tous nos Spectacles ne nous offroient plus rien d'amuſant. Mais l'inſtant étoit marqué, & nous approchions heureuſement de celui qui alloit faire évanouir des doutes criminels.

Un ſoir que nous promenions à l'aventure nos rêveries dans les rues de Cithéropolis, nous fûmes arrêtés, au bruit d'une simphonie mélodieuse, au devant d'une Maison qui paroissoit habitée par quelque Seigneur de la Cour.

Nous remarquâmes sous les portiques un tumulte, qui nous engagea à demander quel étoit l'objet de cette Fête. Nous apprîmes bientôt que c'étoit une jeune Beauté dont le Seigneur Tancrède, Prince Etranger arrivé depuis peu à Cithéropolis, étoit éperduement amoureux, qu'il étoit alors seul avec son aimable Maîtresse, qu'il n'avoit invité personne à cette Fête, comme s'il eût été jaloux que quelqu'un en partageât avec elle le plaisir. Le Concert que nous avions entendu étoit ce qui venoit de couronner un Repas servi de mets les plus rares.

Nous entrâmes dans la Salle, & n'y remarquant que les riches débris du Souper, nous avançâmes vers un Cabinet de glaces, dont les lambris étoient d'or & décorés en plusieurs endroits de mille peintures, qui retraçoient partout l'idée du plaisir. J'y entrai comme dans le sanctuaire de l'amour même, & je fixai d'abord les regards sur les beautés qui s'offrirent les premieres. Tout paroissoit pour moi un enchantement; mais que devins-je lorsqu'en tournant les yeux sur une espèce d'alcove qui renfermoit un lit de repos de taffetas blanc chenillé en couleur de rose, je crus reconnoître ma chère Eléonore! Quelle étoit belle en ce moment, & combien ce demi-jour que produisoit l'enfoncement de l'alcove, en dérobant une partie de ses charmes, rendoit le reste séduisant! Dans quel état la vis-je bientôt! Que d'appas dont je n'avois jamais osé même désirer la vûe!

Ce ſpectacle avoit ſuſpendu tous mes ſens, au point qu'incapable d'agir & de penſer, je ne pouvois qu'admirer. Je ne revins de cette extaſe que pour m'abandonner aux réflexions les plus amères. Tout cela fut l'ouvrage d'une minute. Eſt-ce moi qu'elle aime, me dis-je tout bas ? m'a-t-elle ſacrifié à Tancrède ? Quel Rival !..... Cependant je la voyois ſeule. Qu'un Amant tendre a de peine à ſoupçonner ce qu'il adore ! Je ſuis bien injuſte, continuai-je, ſi elle s'occupe du ſouvenir de notre amour. (Ceci n'auroit pas paru vraiſemblable à tout le Monde.) Elle n'a point oublié mes ſermens, les ſiens. Eléonore s'agite, étend les bras, ferme les yeux & demeure immobile. Je crains qu'elle n'aît perdu tout à-fait le ſentiment. Almanzine eſt témoin de tous ces mouvemens. Je veux courir pour rappeller, par la chaleur de mes baisers, son ame qui s'enfuit. Elle s'agite de nouveau avec plus de violence. Le duvet s'affaisse sous le poids. J'arrive auprès d'elle. Dieux! que d'horreur vint prendre la place de tant de charmes! Le dirai-je! Eléonore ..... Hélas! chacun de ses mouvemens devenoit une nouvelle infidélité. Je fis un cri. La Fée se trouva près de nous. Tancrède n'étoit autre chose que le Génie qu'elle cherchoit. Il avoit paru d'abord à Cythéropolis sous ce nom supposé, & depuis y étoit demeuré invisible. C'étoit lui-même que je trouvois dans les bras d'Eléonore. Il avoit été pendant quelque tems caché à nos yeux; mais au milieu du combat le plus voluptueux, l'anneau mystérieux étoit glissé de son doigt. Qu'on se représente notre situation. Eléonore ne donnoit aucun signe de vie. Je me trouvai partagé entre la crainte & la douleur. J'arrachai ma ceinture, Almanzine se fit voir. Non, l'éclair n'est pas plus prompt que tout ce qui se passa en cet affreux moment. Le faux Tancrède fut enveloppé d'un nuage qui le déroba à nos yeux. Almanzine le transporta sans doute dans quelque endroit propre à satisfaire sa vengeance. Cela se fit avec tant de vivacité, qu'elle ne songea pas même à en étendre les effets sur sa Rivale. Je me trouvai seul avec Eléonore.

Qu'on ne croye pas que je m'occupai à lui faire des reproches. On ne les employe d'ordinaire qu'avec celles pour qui l'on conserve encore de l'amour. J'eus le plaisir de voir ce superbe Palais prendre la forme d'une obscure Caverne. Ce fut le premier effet de la vengeance de la Fée. Cette chute si rapide me vengea mieux de mon Infidelle que tous ces éclats, dont depuis longtems les femmes se mocquent, & que tous les Vaudevilles sçavent toujours tourner adroitement à la honte de ceux qui les font.

Je rentrai chez moi, je l'ose dire, tranquillement; heureux si j'avois gardé la précieuse ceinture. J'aurois pû la prêter quelquefois à un Petit-Maître, fier de lui-même & de tout ce qu'on dit de son mérite en sa présence, à des hommes follement épris d'une Beauté qu'ils ne voyent jamais qu'au sortir d'une longue toilette, à un Financier qui juge de l'amour d'une Actrice par les carresses dont elle le couvre.... Que sçai-je moi!.... Combien de gens eussent été désabusés qui ne le seront jamais!

Fin de la seconde & derniere Partie.

TABLE DES CHAPITRES contenus en la Premiere & Seconde Partie de cet Ouvrage.

PREMIERE PARTIE.

SECONDE PARTIE.

Fin de la Table des Chapitres.

www.ingramcontent.com/pod-product-compliance
Ingram Content Group UK Ltd.
Pitfield, Milton Keynes, MK11 3LW, UK
UKHW020914180726
13838UKWH00002B/534

9 782329 354422